U0942377

實踐神學系列

短期牧養輔導

理念與介入方法

霍華德・斯通 著
關瑞文 系列主編　李金好 譯

二版

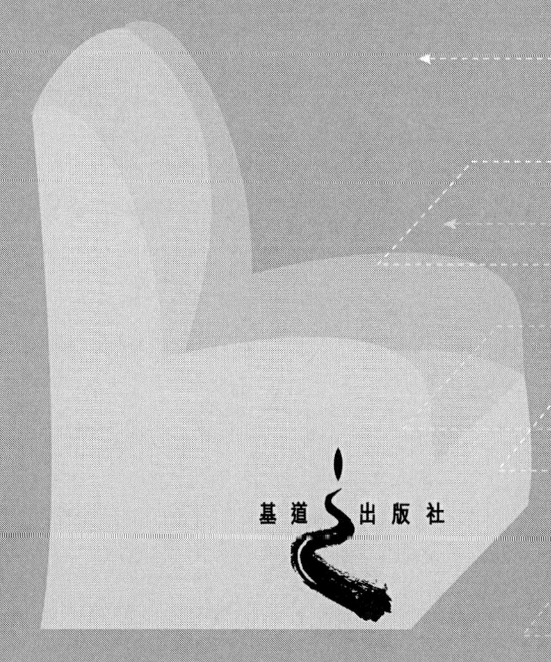

▼
實踐神學系列

短期牧養輔導：理念與介入方法

Brief Pastoral Counseling

Short-term Approaches and Strategies

作者
霍華德・斯通 Howard W. Stone

系列主編
關瑞文

翻譯
李金好

責任編輯
李慧儀

裝幀設計
奇文雲海・設計顧問

■

出版 / 發行
基道出版社
香港沙田火炭坳背灣街 26 號富騰工業中心 10 樓 1011 室
LOGOS PUBLISHERS
Unit 1011, 10/F, Fo Tan Ind. Centre, 26 Au Pui Wan St., Shatin, Hong Kong
電話：(852) 2687-0331　傳真：(852) 2687-0281
網址：https://www.logos.com.hk

承印
Cre8

●

7/2008 初版　11/2019 二版 POD 版
Cat. No. LP363-2
ISBN: 978-962-457-360-2
Original Edition "Brief Pastoral Counseling:
Short-term Approaches and Strategies" published by Fortress Press

Printed in Hong Kong

刷次	10	9	8	7	6	5	4	3	2	
年份	2030	2029	2028	2027	2026	2025	2024	2023	2022	2021

目錄

第二部分 ▌問題與介入方法

序

我從沒有計劃過寫這本書。一個晚上，我和友人共晉晚餐。他是堡壘出版社（Fortress Press）策劃編輯添・司他弗提（Tim Staveteig）。他問及我在該學期所教的課。我們談到有關牧養輔導的一個入門課程，我提到一件事：我在教學上所遇到的一個最大的難題，就是適合拿來用作教科書的著作，都是從私人執業的治療師的角度去寫的；在輔導工作上，他們傾向採納長期治療的取向。對輔導一些嚴重受困擾的個案來說，這個取向起著十分重要的作用，可是它跟我大部分的學生的處境比起來，就有天淵之別。他們已在教會擔任牧職，他們大部分的輔導都是一次過的探訪，或只是幾次的面談。他們大部分的工作，事實上，不只是簡短，也是介乎牧養關顧的探訪與正式輔導面談的夾縫之間。

添和我討論到一些新近的研究；它們指出大部分的輔

導都是簡短的。（這不但是就牧者來說，就從事精神健康護理的專業人士來説，也是真確的。）

在我而言，教授牧養輔導的一個入門課程，就是指導學生如何在他們僅有的幾次面談中幫助會友。學生之中，有很多已經看過了一些從長期的角度而寫的輔導書籍。

我問添，他知不知道有甚麼書能滿足這個需要——也許是堡壘出版社將要出版的一本書。他不知道有這樣的書。吃過飯後，添對我説：「霍華德，我認為那本關於短期牧養輔導的書應該由你來寫。」我馬上推辭了，因為我手上還有別的寫作計劃和兩個在構思中的課程，且不要説我更想多花時間和家人共聚（包括兩個初生的孫女兒，本書是獻給她們的）。但是添鍥而不捨，在接下來的一個鐘頭，他繼續討論這個計劃。到了結帳的時候，本書已有了一個初步的輪廓，並且我答應了嘗試寫它。

所有牧者（不只是初牧會的學生）所提供的輔導，大多數都是簡短的。（在本書裏，「簡短」是指少於十次的面談。大部分由牧者提供的輔導要比十次少得多——通常只得一至三次。）本書向讀者提出一個建基於短期輔導方法論的牧養輔導取向。它假設了：絕大多數的受助者都希望快速地把他們的問題處理好，因為他們大部分人都不能（或不願）付出數次以上的面談時間，來達成這個任務。就如艾力遜（Milton Erickson）所指出的，來尋求幫助的人，他們之所以尋求幫助，「主要不是為要得到一些關於那無法改變的過去的亮光，而是因為對現在不滿意，以及渴望將來變得更好」（Watzlawick et al. 1974, ix）。他們是在向宗教方面的專業人士尋求幫助，想迅速地處理困擾他們的問題。

本書的導論和第一部分介紹短期牧養輔導的這個取向。這幾章普遍檢視了短期輔導的方法，並討論它如何與長期的方法（例如教牧心理治療）有所不同；牧養心理治療從二十世紀中葉開始，深深影響著教牧的事奉。第一章描述短期牧養輔導的主要特色。第二章針對一個做法作出討論，即讓受助者在面談與面談之間做一些指定家課。第三章提出一個處理問題的模式，這模式是本書所提出的短期牧養輔導方法的基礎。

第二部分連續介紹多個牧養輔導介入手法。介入（或譯「干預」，源自拉丁文 *intervenire*）的意思是「進來」或「進到……之間」。在牧養輔導上，介入是輔導員所採用的一套技巧或程序，它進到個人現存的行為和他對現實的認知，與他對未來所想望的一套行事方式或對現實的看法之間。換句話說，介入是輔導員採用的一套策略，用來促使受助者所想望的改變發生。

介入有很多種形式，但它們全都是用來在輔導過程中帶來改變的方法。第二章所寫的所有介入方法，都可用於短期牧養輔導上。其中一些是特別為短期輔導而設計的，有些則是從長期輔導的實踐、婚姻及家庭輔導，或從屬靈導引的範疇借來並作出了調整，使之適用於短期教牧輔導的。

過去三年，我的研究曾受多個機構資助：德克薩斯州基督教大學（Texas Christian University）布賴特神學院（Brite Divinity School）、美國福音信義會（Evangelical Lutheran Church in America），和神學院校聯會（Association for Theological Schools）；我為他們的一切幫助表示感激。

本書的不少篇幅是我趁著一九九二至一九九三年的寫作假期裏寫的。在這期間，我教學和指導學生的擔子，落在布賴特神學院的同事，特別是李思達（Andrew Lester）先生和高爾殊（Nancy Gorsuch）女士的身上，他們承擔了額外的工作量，我為此感激。此外，我還想感謝美國及英國的牧者與輔導員，就是那些讓我有幸與他們討論，他們是如何做短期輔導的一羣人。我還得感謝許多曾在寫作上幫助我的人，尤其是那些讀過我全部或部分稿子的人：祈連堡（Howard Clinebell）先生、戴斯（Timothy Dice）先生和葉達（Joey Jeter）女士。最後，我想向斯通（Karen Stone）女士表達我深深的感激。她付出了許多個鐘頭的時間在審訂文稿上。

本書裏的好多意念都是取材於我日常實踐的牧養關顧和輔導的，因此書裏含有真實個案故事的成分。因為保密是牧養關顧和輔導的重要守則，所以，所有的個案描述都在名字和其他識別標記上作出了改變，一方面不讓姓名外洩，一方面也不至歪曲了所描述的經驗本質的真實性。

導論　關於短期牧養輔導的實例

在活地・阿倫（Woody Allen；又譯伍迪・艾倫）主演的電影《安妮・荷爾》（*Annie Hall*；又譯《安妮・霍爾》）最早出現的其中一幕裏，主角麥克斯（Max）站在安妮・荷爾的房子所在的大廈外，跟他這位新朋友有一句沒一句地閒聊著。安妮邀請他上去喝杯酒，並以她自貶的方式附帶說，他不是一定要去的，恐怕他會因此耽擱了時間。麥克斯說，他很樂意去。「我有的是時間，除了跟精神分析醫師約好了以外，我別無他事。」

「哦，」她應道。「這個……你要見精神分析醫師？」

「啊……是的……〔羞怯地〕只見了十五年。」

「十五年？！」安妮喊道。

麥克斯顯得尷尬了。「對。我打算再給他一年，然後，我就要轉到露德（Lourdes；譯按：天主教聖地）去。」

在轉到露德或放棄之前，又或說著「這已經夠好了」，而繼續生活下去之前，人們會給一位牧師或牧職輔導員多少時間，讓他們在自身的處境中引發改變呢？不是十六年，不是十六個月，甚至也極少是十六次的面談時間。

有些人確實進入了一種長期的輔導關係，而花上多年在分析上——即使在他們的日常生活中幾乎察覺不出有甚麼改變，這也是可能的。像麥克斯等角色，已成了傳媒所塑造、為自身的難題尋求專業協助的典型人物。但事實上，這樣經年的、忠心耿耿的受助者，卻**並不**典型。

過去二十年，我對那些為尋求輔導前來見牧師或牧職輔導員的人，愈發感到興趣，我想知道更多關於他們的事。固然，有很多問題可以提出來：牧者與受助者的關係的性質、關於這關係的神學反思，以及必須的介入方法。但我提出的問題是較為直接的：這些人是誰？他們真正想從牧師或輔導員身上得著的，究竟是些甚麼？他們把甚麼信念帶進這關係裏？他們對輔導的結果抱著甚麼期望？他們真的想改變嗎？

提出以上問題的，不只是我一個。大多數的牧師和輔導員都有相當多的機會對這些問題進行反省。要檢測人們對輔導有甚麼**要求**，他們最終會做甚麼或不做甚麼，是其中一個檢測指標。事實是，在第一次面談之後，大部分的人都不會再回來繼續餘下的多次面談；因此，牧養輔導的過程一般來説是短的。除了讓苦惱得到解除，問題得到解答之外，**人們對輔導的其中一個要求就是：它要簡短**。

這是時代的標記嗎？在我們這個慣於享受快餐、即沖咖啡、六十分鐘沖曬相片服務、速成的飲食、微波爐一分鐘加熱的時代，人們是否已經失去了耐性，不再為他們的問題尋求長遠的解決之道？想要「快快把它處理好」是不是他們的症狀的一部分？抑或，它是個健康的標記，表示樂意正面地處理問題，並且盡快做好所需要做的事，好繼續在生活中打滾？

這難以一言以蔽之。就任何一個個案來說，或是渴望得到即時的解決，或是樂意直接處理形勢，或是兩種心態夾雜一起，都是可能存在的。有人會尋求一些陳腔濫調，或停止一種有害的行為習慣；有人會在經濟上負擔不來，只可與一個私人執業的治療師見面不多於數次；有人或是在待業中，或是預期會在不久之後遷離本地，諸如此類。

不論受助者帶著甚麼動機前來，事實始終是：平均來說，一位牧者平均只會花兩三個小時來輔導大部分的會友或家庭；很多輔導上的接觸只限於一次面談而已。就連那些已經同意接受較長期輔導的人，也經常在幾次面談之後就不再來。

牧養輔導的短期性特性，或會使若干牧者低估他們工作的價值。常見的誤解是：短期輔導法不及長期輔導法優越（Sifneos 1972, x~xi; Phillips and Wiener 1966, 2）。短期的方法被視為適用於以下對象的最佳方法：貧窮的人、非頓悟取向的人、教育程度偏低的人、不能延遲獲得滿足的人，以及某些少數羣體。對比起來，長期的方法則被說成是深入的輔導、頓悟取向、有動力、集中——是那根治問題，獲取長遠效益的治療。席福諾斯（Sifneos 1972, x）描述，人們以為長期治療是比較優越，這種根深柢固的態度，起始於認為輔導員對受助者來說是不可缺少的，並且態度

> 大體上需要為那些試著要縮短心理治療的長度的人所遇到的阻力負責，又要為「短期」、「危機取向」、和「短期心理治療」等術語的用法大為混亂的情況負責。雖然短期面談是各種不同的治療技巧惟一相同的元素，人們卻常常以為它們是一樣的，並時常加以忽視。

本書提出一點：大部分接受輔導的人並不需要長期的方法，而事實上，短期的方法會是同樣奏效的。雖然如此，長期輔導還是佔著一個重要的位置，有它的好處。有些人不能從短期輔導中獲益，還有些人是無論用短期或長期的關顧都幫不到他們的。（在有的情況下，轉介受助者去接受長期心理治療會比讓他去接受短期牧養輔導要好些；請參考本書的結論部分。）本書所提出的，與其說是輔導員的一套理想的輔導方法，不如說是輔導員實際上在使用的輔導法。近年有人就有關精神健康的各種學科進行了跨學科的研究，得出令人驚訝的結論：今天所實踐的大部分的輔導，都是短期的。（在這個導論的結束部分，我以註腳形式概括了支持這個論點的幾本書的細節。）[1]

困難是：雖然大部分輔導主要是短期的，但許多治療師所受的教導是——而他們也繼續相信——長期的治療是比較可取和比較令人滿意的手法。

這種偏見似乎為教牧與其他專業人士所共有。很多牧者相信，長期的方法比較優越，只是為了種種實踐上的原因，他們很少從事長期輔導。結果很多牧者都認為，他們所提供的輔導是次等的。

本書的目的，不在於說服牧者去實踐短期輔導。就如從事精神健康護理的專業人士一樣，牧者已經從事與受助者進行次不多的面談工作。本書的目的反倒是針對這種不協調：一方面相信長期輔導的優越性，一方面主要從事的卻是短期關顧。本書為短期牧養輔導展示一個取向，提出一些實踐的方法。讀者如果對短期輔導法與長期輔導相比之下的功效感興趣，而想知道有關討論的詳情，最好細閱以下作者的著作：蔡爾茲（Childs 1990）、狄世沙（de Shazer 1985; 1988; 1991）、希利（Haley 1973; 1976）、席福諾斯（Sifneos 1972）、韋爾斯（Wells 1982）。本書的餘下篇幅是建基於這些專書就短期輔導的價值所作的研究。

問題的根本成因

系統療法（system therapy）的先鋒米紐慶（Salvador

Minuchin）接獲一位他完全不認識的、掙扎著的家長的來信（Minuchin 1988, 90）：

> 親愛的米紐慶醫生：
>
> 我有一個患厭食症的女兒，她身高五尺三寸，重八十磅。她在一年前被確診患上這個病，她因為體重低於主診醫生所訂的最低標準而住了兩次醫院。自此，她一直接受治療，可病情還是差不多。她的病為整個家庭製造麻煩：她做大量的甜品，堅持人人都要吃；她喝下冰箱裏所有的果汁，在家裏到處收藏起盛載嘔吐物的罐子；而且整體上而言，凡是有關她吃喝的任何事情，她都不講真話。
>
> 她執著於做運動、吃甚麼、甚麼時候吃，諸如此類。我們認為我們並沒有對她有任何過分的要求；事實剛好相反。她是個成就過高的人，在班上名列第三。
>
> 上週我問醫生，他有沒有感覺她有甚麼進步，他的回答是：肯定有，可是如果要把一切都整理妥當，那或者需要一至十年的時間。我提議採用行為療法（behavioral therapy）——我知道那是快見效的——但是他說那只會解決厭食症的問題，而當你解決了一個問題，另一個問題就會浮現，取而代之。他寧可深入問題的底部，也就

> 是問題的根源，不管那需要多長的時間。
>
> 我認為如果你先解決最有損害性的問題，即使底下的問題還是會在那裏，拼圖上其餘的若干方塊就會湊合起來。到了遊戲的這個階段，我感到完全困惑了。我向你求助。我們極需要幫助，一方面是為了女兒的健康，另一方面也是為了整個家庭。

我們中間許多在弗洛伊德（Sigmund Freud）的影子下成長的人，都假定了有效處理問題的意思，就是深入問題的根部。據這門派的思想，任何需要認真注意的問題，都應該交給一個能夠找出問題的根本成因的專家。「問題」不過是症狀，在它的背後有更深入的東西在潛藏著；必須發掘一個人的過去，才能看到問題的根本成因。給米紐慶醫生的信，描畫了這些信念，以及它們令人痛苦的結果。我們可以感覺到，那為人父母者的極大痛苦；他們趁著女兒還沒有遭受過大的身體和情緒的傷害之前，尋求一個較快速的解決方案。他們被某種特殊的思想方式困住了，在今天的社會裏，這種思想方式被應用到不少議題上：要幫助被判有罪的犯人的方法，是分析有甚麼因素導致他們的行為；處理虐兒者的方法，是檢視他們成長的培育過程；諸如此類。

表面看來，這樣的理論是合理的，可是有兩件事反對這個假設（即深入問題的根部是解決問題的最佳或惟一方法）。首先，在實踐上，要產生有效的改變，**不一定**需要對個人的歷史加以詳細探討；尋找問題的根源常常不是改變發生的先決條件。個人的歷史固然不應被掩埋或被忽略，然而在大多數個案裏，花大量時間去作出這樣的探討，卻不是產生正面改變的必須條件。

其次，當人們開始明白他們的問題的一些背後成因時，解決方法卻並不是自然地隨之出現的。即使是獲得了深切的頓悟，也常常顯明是不足夠的；深切的頓悟提供了豐富的資料，讓人加以反思並成熟起來，但不一定帶來起初推動人前來尋求輔助的那種改變。希利（Haley 1970）寫道，幫助受助者了解自己跟幫助他們發生改變是兩回事，大多數治療師都使得人們更為自我覺察，卻沒有讓他們覺察到自己的潛力。

著眼於問題的成因，往往令人對短期輔導法加以批評。輔導員往往相信，因為短期輔導法並不探索問題的根本成因，所以，所發生的任何改變都不會長久。這種想法是可理解的。譬如說，快餐容易叫人肥胖；匆匆忙忙地打掃家居，不久就要重做一次；急速下的結論往往是錯的。雖然如此，這種想法還沒有經過調查證明是對的。

有幾本書曾就短期輔導所產生的改變的耐久力作出了研究，它們在研究的設計上採用一些跟進性的評估方法（Fisher 1980, 1984; Langsley et al. 1971; Reid and Shyne 1969; Sloane et al. 1975; Wells et al. 1977）。這幾本書裏的跟進評估，是在輔導結束後的四個月至兩年半內進行的。

它們的發現，一致得叫人驚訝。雖然在短期輔導的跟進期間，有一些輕微的輔導效果的衰退，但這衰退與其他任何心理治療模式所展現的，並沒有甚麼分別。短期輔導法所帶來的好處，其耐久力足可與長期輔導法看齊。由是，牧者不需要感到為他們的羊兒提供短期輔導，多少是虧欠了他們。

短期與長期輔導的比較

在短期輔導裏所產生的改變的性質又如何？看來時間既然少了，輔導的目標就會比較難於實現。即使是要兩個研究員或理論家，就著好的輔導效果這一點達成一個大家都認同的定義，也幾乎是不可能的事。因此，要解析輔導的效果研究是很難的。雖然如此，這幾本書至少提供了一種意識，就是時間對輔導效果的影響。雖然有不同的方法、對照和條件等因素，這幾份效果研究之中，卻沒有一份在治療的長短和進步的程度之間找著任何關連之處。所有的研究都發現，短期的方法至少跟長期的方法一樣有效，而惟一重要的差異是在於要達致改變發生所需要的時間長度。[2]

我們最好可如何解釋這幾本書以及其他類似的研究？雖然它們都不是決定性的，但我們可以知道，「長期輔導法較短期輔導法優越」的這個假設，並沒有得到證實，而且似乎是不正確的。雖然美國心理學會（American Psychological Association）的健康研究專責小組聲稱，在輔導中與受助者有愈多的接觸，就意味著產生長期效果的機會愈大，但支持這個主張的惟一一份研究，是一篇未經出版的鼓勵人刷牙的作品（Janis 1983, 56）。效果研究又顯示，有相當的益處是在很短的時間內獲得的。早在一九六二年，菲利普斯與韋納（Phillips and Wiener 1962, 21）在檢視了好些有關短期輔導和長期輔導的效果研究之後，提出他們的結論：「長期或冗長的治療，似乎最有可能是由病人的倚賴性和概念上的需要，以及治療師的個性和所抱持的理論來決定，它看來與治療的進展幾無直接的關係。」

短期輔導：牧者的首選

本書所表達的觀點是，短期牧養輔導法對於大部分教會所接觸到的人來說，不但是跟較長期的方法一樣好，而且事實上是比後者更好，因為它們需要較少時間，而結果是同樣奏效。單是這個事實，就暗示了短期的方法應該作為教會牧者首選的進路。

可是，首選並不意味著是惟一的選擇。那些把短期輔導與長期輔導作出比較的研究，在這一點上是清晰的：短期治療就像長期關顧一樣能幫助個人達到他們的輔導目標，但是，牧養輔導員也不必完全棄而不用長期療法。短期牧養輔導的對象應該是那些並不需要長期照顧的人；大部分向牧者尋求輔導的人都不需要或不想要長期照顧。

是甚麼原因導致短期的方法與長期的方法有著相類似的結果？梅爾鎖夫與科恩理克（Meltzoff and Kornreich 1970, 357）就現存的治療形式進行檢視，廣泛參考了不少效果研究，得出一個結論：成功的輔導是在輔導過程的初期取得它的主要效益。在輔導關係的初期，似乎有一個**機會之窗**，人們比較開放，願意在生活上作出改變。大多數的改變——如果發生的話——都是在頭幾次面談時發生的。

還有幾個理由使得短期牧養輔導成為對待教會會友的最佳選擇。首先，採用長期方法的其中一個困難，是大部分尋求輔導的人（不管他們同意過甚麼）只來幾次面談，永遠不會完成輔導的過程。（這大概是輔導專業中最不為人知的祕密。）接受短期輔導的人比較容易在中途撤出之前，作出至少幾項能開始解決問題的改變；相反，接受長期治療的人在中途撤出之時，經常是在他們還在發掘問題的根源的階段，還沒有開始作出正面的改變。就如韋爾斯（Wells 1982, 5）所說的：

> 不論所採用的干預形式如何，如果強調點是放在長期接觸的脈絡下，諸如人格重整或個人總體成長等粗略概念上，很多受助者就會半途而廢。有系統的研究顯示，精神健康診所和家庭服務機構的中途退出比率高得叫人吃驚。與很多受助者的接觸，都較所預期的來得簡短，而**關顧者必須準備在這些限制之內盡可能以最有**

> **益的方式來照顧受助者，而不是一廂情願地以為，還有更多的時間。**（粗體為本人所加）

如果關顧者可以預期在一個典型的牧養輔導關係內付出一至三次的面談時間（這要比許多早期的理論家所定義的短期簡短得多），那麼，輔導就必須圍繞著一至三次的面談而設計，而不是圍繞著一些假設有無限次面談的理想狀況來設計，在短期牧養輔導中，每次面談都應被視為有可能是最後一次。在每一次的面談裏，應盡力為受助者提供他們所需要用來解決煩惱的東西。為了種種原因，他們可能永不再來，所以應該為他們提供一些他們所需要，叫他們繼續生活下去的東西。

效率是在牧養輔導上採用短期方法作為首選進路的另一個理由。上面引用的研究顯示，短期輔導法比無了期的輔導更快有助解決人們的難題。這更密切配合到大部分受助者的願望，就是讓他們的問題得到迅速的解決。大部分尋求協助的人，都不願意花上一段長時間來進行治療；他們不肯付上金錢或時間上的代價。我不是提倡匆匆忙忙地趕著完成輔導的過程，只是由於簡短形式的輔導比較簡短，它就要比一個消耗更多時間而效果一樣的過程更為可取。

採用短期輔導法的第三個好處，是它比較能夠配合牧者的其他職務。和其他任務相比之下，牧者能夠花在輔導上的時間是有限的。這樣一來，採用短期輔導的牧者就能夠為更多的人提供幫助了。這有助解決許多牧者所面對的道德兩難的局面：在關顧的質素和龐大的需要之間取得平衡。短期的方法可與牧養關顧探訪，並與非正式的牧養面談（介乎牧養關顧探訪及比較正式的牧養輔導面談之間的談話）配合使用。本書所提出的好些干預方法，有助於確立這介乎牧養關顧與正式的牧養輔導之間的過渡事工；這過渡事工應該是在牧者的事奉上經常做的一件事。

直到最近之前（危機輔導除外），牧養輔導和心理治療都還沒有興趣去發展出一些用來縮短輔導過程的策略。相反，人們往往把焦點放在吸引受助者參與治療的過程上，好讓他們願意花更長的時間留下來。如果受助者沒堅持下去的話，就會被視為「動機不夠強」。[3]

幾乎沒有人——不像活地．亞倫的麥克斯那樣——擁有長期治療所要求的時間、需要或毅力等條件。本書提供一套短期牧養輔導的方法論，不只可應用於危機輔導，而是可用於更廣泛的處境上，它亦適合教會的場景，縮短了輔導的過程，同時，保存或甚至加強了所施予的關懷的質素。

導論部分的幾點補充

1. 畢克與鍾斯（Beck and Jones 1973）就人們參與輔導的時間長短，檢視了美國各地的家庭服務機構的3,596宗個案。他們把結果跟在1960年進行的一個類似的調查作出比較，發現了一個趨向短期輔導的明顯轉移。事實上，他們的研究發現，短期個案的平均面談次數是 5 次，但甚至是那些機構會認為是長期的，所謂「持續服務」的個案，平均也只是面談 9 次。

在一個比較近期的研究裏，蘭斯理（Langsley 1978）檢視了4,072宗在（醫學院和醫院附設的）診所和私人執業醫生的精神病個案。有人或許會以為，精神科醫生見病人的時間要比其他從事精神健康或助人的專業人士長得多；然而，與私人執業醫生面談次數的中位數是12.8，而診所的精神科醫生面談次數的中位數就只得10.3。就精神健康的照顧來說，是何等出奇地短！

另外，加菲爾德與庫慈（Garfield and Kurtz 1977）曾就一個門診部的輔導個案進行研究，記述了類似的結果。他們檢視了1,216宗個案，發現平均的面談次數是 6 次，面談 10 次以上的只有很少人。事實上，他們指出，57.7%的輔導是在 1 至 4 次面談內完成的。

菲利普斯（Phillips 1985）追蹤 4 年之內到某間大學的輔導處求助的學生。他發現大約一半的學生沒有回來進行第二次的面談，因此在所有的輔導個案之中，有一半是屬於一次過的。布盧姆（Bernard L. Bloom，轉引自 Phillips 1985）研究，到底那些沒有回來進行 1 次以上的面談的人，是不是對輔導感到不滿意。他發現事實恰好相反，有三分之二的人承認對輔導感到「滿意」，他們之所以不回來的原因，是他們不再感到有需要，又或，由於生活上的實際變遷，他們感到問題有解決的眉目了。

2. 史鐵培與韋納（Stieper and Wiener）把案主分為長期和短期兩類，又設立有關教育、智力和診斷的對照組。據他們的研究，在治療上所花的時間與進步的程度並無關係：

> 絕大多數的長期患者只接受過很少數的治療師的治療。其中一個可能的原因，是「長期」治療師本身不能適切地訂下治療的目標，並且沒把治療的關係變得個人化。

蓋爾茨、科爾及韋納（Garetz, Kogl and Wiener 1959）採用了一個略為不同的研究手法，他們的研究也沒能在接受長期治療的受助者之中，找著較多的進步。

限時治療（time-limited therapy）是短期治療的一種形式，輔導員與受助者就著要投放多少時間在輔導的過程上，共同設定具體的限制（例如 4 次面談、或 3 個星期、或「到12月15日為止」）。一份比較羅杰斯（Carl Rogers）的案主為中心療法（client-centered therapy）和阿德勒（Alfred Adler；譯按：精神分析學家）的治療進路的研究（Phillips and Wiener 1962, 55~56）就是以限時治療為焦點的。據研究報告顯示，接受限時治療的和接受不限時治療的兩組人，不論所採用的治療法為何，都表現出同樣的進步。兩組人之間的惟一差異，是限時的一組所取得的好處，在經過大約半數（與不限時的一組相比）的面談就出現了。

閔殊（Munch，轉引自 Phillips and Wiener 1962, 135）把 5 年之內的長期、短期和限時治療的結果作個比較。研究調查了105個受助者，把他們平均分作 3 組。短期治療即涉及 3 至 7 次面談，限時即 8 至 19 次，而長期治療即涉及 20 次或以上的面談，三者均沒有確定結束治療的日子。作者選擇這些數目，是因為之前有研究顯示，在 12 次與 21 次面談之間有一個「失敗區」，他相信如果縮短輔導的長度，可能會妨礙它的發展。結果顯示，短期治療和限時治療的受助者都取得輔導上重要的正面的好處，而接受長期治療的人就沒有這個表現。

萊特與商恩（Reid and Shyne 1969）隨機地把120宗個案（大部分是有關婚姻和家庭的個案）分派到短期輔導（8次面談或以下）或不限時的輔導兩組。他們通過各樣的評估方法，發現短期進路至少和長期進路同樣奏效，而在某些範疇裏，前者比後者更為見效。

畢克與鍾斯（Beck and Jones 1973）檢視了3,000宗以上的個案，其中有婚姻、家庭和個人的問題。他們的研究顯示，短期輔導法和長期輔導法同樣有效，或甚至前者比後者稍微更為有效。利雲圖與韋柏加（Leventhal and Weinberger 1975）在研究過千餘宗個案以後，得出相同的結果：短期輔導和長期輔導的效果是一樣的，甚或前者比後者更為有效。

史朗和他的仝人（Sloane et al. 1975）作過一項研究，把採用心理動力派（psychodynamic）短期輔導小組，以及行為學派進路的短期輔導的小組，跟一個沒接受治療的對照組，作出效果上的比較。是項研究對輔導的結果作出全面的評估，評估者包括了輔導員、案主、家庭成員，和一位並沒有參與輔導過程的心理治療師。接受治療的兩組，跟那沒接受治療的對照組相比起來，都表現出實質的進步。但在兩個心理治療的形式之間，就找不到效果上的差異。

有其他研究也得出類似的結果，包括由以下人士所進行的研究：法蘭克（Frank 1979）、加菲爾德（Garfield 1980）、路寶斯基等人（Luborsky et al. 1975）、史得普（Strupp 1978）和韋爾斯（Wells 1982）。

3. 從事相當數量的輔導的牧職人員，得依賴心理治療和牧養輔導方面的著作作為他們的資源。但這些著作通常偏向於主張長期的方法是比較優勝的。它們大部分建基於長期輔導的理論架構和心理治療模式，即使它們是專為那些通常跟受助者只面談數次、在教會處境下的助人者而寫的，也不例外。

第一部分
短期策略

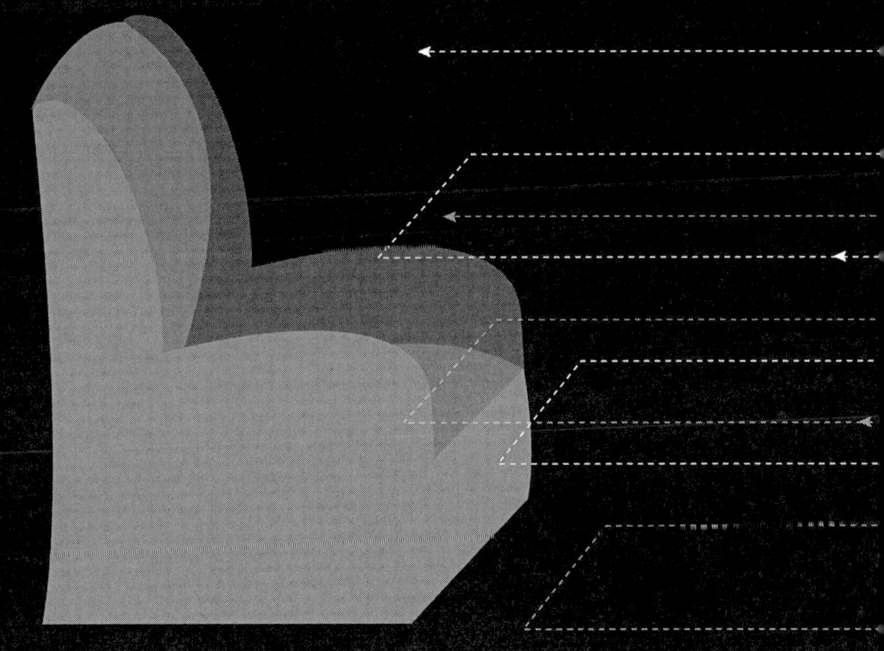

1 解析難題

輔導應該如何入手？快捷而不擇手段？短暫且甜美？或純熟又準確呢？若以為輔導的方法愈簡短，實行起來就愈容易，或以為它所涉及的技巧就愈不高明，那就錯了。事實上，要把一名教會會眾含糊的不安感轉化為一個具體的問題、聚焦於重要的議題上，並推動他或她，使之帶來所需要的改變——這一切都在一段短時間內發生——是需要牧者相當的技藝的。助人者與受助者的惰性能抗拒一切，就是不能抗拒一個高明的方法。

羅傑·培特理的個案

一個明亮的春日下午，連牧師（Pastor Christine Lin）到培特理家作例常的探訪。培特理家兩個在唸中學的女兒，在牧者來訪的幾分鐘前才剛剛回到家裏，家裏起了一陣尋常的騷動。冰箱被搜掠一番，當天的大事從兩個女兒的口中變成一輪又一輪活生生的描述。

過了數分鐘，女兒們退到自己的房間去，留下連牧師單獨與培特理太太在一起；培特理太太是教會學校的校監。她們正在商討一個暑期計劃的最後幾項細節。

大約在九個月之前，培特理太太七十一歲的公公羅傑·培特理（Roger Pendley），來到這裏跟他們一塊兒住。他來住是有幾個原因的：要避開紐約市不近人情、愈來愈重的稅項；要離開鄰近不斷改變、愈來愈暴力的社區；要應付白內障初起的症狀；並撫平他的兒子對他日漸增強的憂慮。不過，搬家的最重要的原因是：他收入低微。羅傑·培特理一生從事機械修理的工作，工會的四個頭目帶同公司大部分的退休金逃跑了，留下羅傑一無所有，只得社會保障金。

當連牧師問培特理太太她的公公可好時，她眸子一轉，回答道：「為甚麼不問他？」二人之前也有談過培特理老先生和他的難處，但這是第一次從培特理太太身上看見憤怒的痕迹。為免打擾這個家，培特理老先生一天的大部分時間都留在他位於房子最下層的房間內。連牧師在他房間外敲門，接著跟他笑談幾句；她認為老先生這天特別退縮。他憶述自己的東部老家，以及在他地窖裏的店鋪。他顯然感到自己沒用，礙著人家。他再也沒有生產力，而且因為患了白內障，連閱讀和看電視也感到困難。他躲進自己的房間去。但每當他融入這個家庭時，他承認他給予兒子和媳婦太多關於教養孩子的意見；那只會製造更大的張力。

我們可如何回應培特理老先生？輔導是必要的嗎？在這樣的處境下，有幾種可能的回應。

- 其中一種回應是不做甚麼行動，假設培特理老先生會隨著時間的過去而適應他的新生活。雖然這在早些時候會是一個可行的回應，但他的掙扎在搬遷九個月後還是沒有減少，而且事實上是加強了。
- 第二種回應是多到**他的**家去探訪幾次，就是去看一下培特理老先生。這個方法有它的優點，也許會由此開展一種非正式的輔導。
- 第三個選擇是採用危機介入法。這些方法在培特理老先生起初來到兒子的家裏時可能對他有用，但是他現在不再是處於危機的狀態裏，這類方法現在不是那麼合適了（參 Stone 1993）。培特理老先生是活在先前的危機的殘餘影響下。
- 第四種可能的回應，是提出為培特理家庭的三代人進行家庭輔導。這類方法把培特理老先生的問題變成了每個人的問題，不只是他自己的問題——那會把整個家庭都捲入其中。（事實上，在這裏所描述的實際個案，某程度上是把整個家庭都捲入其中了。）
- 另一個選擇是進行長期的心理治療或牧養心理治療。

之前沒有選擇採用這個回應方式，因為看來問題是可以在一段短時間內解決的。節儉的原則應用於輔導的處境上，意味著少花費便是多賺了。既然難題可以在幾次的會談內處理好，那麼增加面談的次數就是浪費。

時間因素

時間選擇（timing）和時間是整個輔導過程中的重要因素。當人們前來尋求輔導，輔導員必須探討那促使他們前來的原因——如果他們來的話；或者，是甚麼妨礙著他們認識到，他們的問題是需要處理的。這探討是具關鍵性的。同樣，為一個酗酒的家庭成員安排一次「家庭介入」，在乎好的時間選擇；要決定讓對質發生的最佳日期和時間，這是重要的。在相當程度上，時間選擇設定了向人作出回應的直接語境。

時間對尋求輔導的人也是同樣重要的，因它限定了接觸的次數和結果。具體地提出一個時間上的限制，在牧養關顧和輔導上是重要的；因為，對牧者在輔導以外的其他需求，使他餘下可用來輔導會眾的時間變得有限。由於牧者的角色，他很少可以把額外的時間放在輔導會眾上，而不至侵擾其他的責任。如果助人者可以付出的時間不多於半小時，那麼，最好在面談一開始就讓受助者知道。

時間對於前來向牧者尋求輔導的人也是重要的。在安排面談之前，牧者最好先回答以下的問題：我有多少可用的時間？我定下的時間能方便受助者前來嗎？人們來見我難不難？面談時間到了，我有沒有準時出現？我能夠讓他們得到我答應過他們的整段時間嗎？人們需要知道，牧者有多少時間是他們的；那為輔導過程提供了一個框架。被分配出來用於接受輔導的時間，需要好好規劃，儘量有效地運用。縮短輔導過程的其中一個方法，是把輔導規劃成具體的面談次數。

就拿羅傑·培特理的個案來説，連牧師可以說：「既然我們已經決定輔導的目的是甚麼，那我就提議，我們用三次面談的時間，一同來解決問題。趁著我們這樣做的時候，你也得做些家課來幫忙處理問題。三次面談之後，我們可以回顧一下你的成就。當然，如果還有更多需要做的事情，我們可以再安排多幾次的面談時間，又或，我可以把你轉介到附近的輔導員，讓他繼續處理你的個案。這個你聽來如何？」

這樣的安排稱為**限時輔導**（time-limited counseling），一般發生在輔導的建立關係或問題評估的階段，為受助者提供一個處理問題的框架。它使短期牧養輔導多了一個步驟，就是為一個特定的問題設定一定的面談次數；它從一開始就告訴受助者，時間是重要的（只會用某個次數的面談來處理他們的問題）；它讓受助者知道，他們要認真幹起來，所發生的事是嚴肅的。

然而，我們不可以讓這個框架凌駕於輔導的處境，即對受助者的關懷之上。受困擾的人們不應該感到，他們好像是被驅趕出門外一樣。他們反倒需要感到，他們的問題被認真看待，牧者不是他們可以在午後隨意找來閒聊的人。

把輔導規劃成有限次數的面談的其中一個理由是，鼓勵人把時間對準在輔導上。當人曉得時間有限的時候，他們就更加努力、完成更多事情（Mann 1973）。就如菲利普斯（E. L. Phillips）所言：「當一件事看來是沒有時間限制的時候，它就催使我們不去活動，鼓勵我們拖延、浪費。」（Phillips 1985, 4）

我曾以受助者的身分參與兩個治療小組，清楚看見這種講究焦點和步伐的方法所帶來的動力。第一個小組在早上七時開始，一直延續至組員決定要完結為止，那通常在九時半至十一時之間。第二組規定每次的時間是一個半小時，一分鐘也不多。兩組分別由一位能幹的牧養輔導員帶領。兩組都用初頭的幾次聚會來作熱身的準備，而兩組所達到的治療效果也相若。分別在於其中一組在三或四個小時所做成的事，另一組只花上一個半小時就做到了。雖然在這個例子裏，所限定的時間，是每次聚會的時間而不是聚會的次數（兩組是一樣的），限定時間的結果，是其中一個為數十二人的組別在數分鐘之內就開始幹起來，而沒有限定時間的組別就通常過了大約一個小時才能集中焦點。

短期養牧輔導不一定要求把面談次數規劃好。事實上，我並不常用限時的輔導，除了在應付兩類人的時候以外：一類是那些遲疑著、不肯付出時間和精力在輔導上的人；一類是那些交叉雙手挨著椅背坐著，等著要看我會做甚麼的人。不過，牧者需要通過他們的領導風格，讓受助者意識到：時間是重要的。

限定時間——或使用任何一種短期輔導方法——並不意味著草率地採取行動或忽略了考慮行動所可能有的結果。可以肯定地說，短期方法並不是快捷而不擇手段的，它們也沒能像坊間的許多自助手冊那樣，保證兩天之內見效。限定時間的目的，是一旦決定了採取一系列的行動以後，受助者就可以毫不猶豫地朝著完成他們的目標而推進。所有的短期輔導學派都是限定有終結的輔導方法。不論它們使用的是時間上的限制、要達到的目標，或是兩者兼用，它們都是認識到時間的限制，而快速地把輔導的過程從頭到尾規劃一番。

短期牧養輔導的願景

大部分受助者只給予助人者一段短的時間（助人者可以把這段時間計劃納入兩者的關係之內），這使得充滿無焦點談話的無休止的面談變成一種奢侈。相反，助人者必須調校整個牧養輔導的過程，使之聚焦在主要的議題上，並建構一個達致改變的計劃，以及幫助受助者採取具體的行動。短期牧養輔導與其說是一套新近發明的技巧，不如說是牧養輔導的一種觀點或**願景**。作為牧養輔導過程的一種取向，它使已做了的事成為某種形狀。它把以下的事塑造成形：關係如何建立、甚麼是重要的問題、花多少時間、用甚麼輔導方法以及如何運用它們。短期牧養輔導是關乎輔導的一種特定的願景，它影響著輔導事工的所有層面。

短期輔導的願景有以下主要的組成部分。

建構一個短期輔導的定位

即使所有種類的輔導大部分按性質來說都是簡短的（因為人們不再來），我們也不能只按會談的次數來定義短期輔導。反倒是，這種關顧的**定位**把短期牧養輔導從其他輔導手法分別出來。對輔導過程的態度以及所採用的特定的介入方法，比實際的面談次數更具決定性。

在任何處境下，短期牧養輔導都採用最不極端的方法——最不具侵略性、最簡單的進路。在還沒有知道一個受助者會否回來進行進一步面談之前，就求助於一個複雜的方法，那或許是浪費時間的。

助人者也應該避免假定，人們的問題是可以完全解決的。本書所討論的部分個案頗為複雜；它們所描寫的受助者有許多看來解決不了的困難，足以使大部分的助人者舉手投降，把他們轉介給別的輔導員。短期牧養輔導的目標並不是要解決個人或家庭的所有困難，它的目標是比較務實的，因此成功的機會也較大。

短期進路相信漣漪效應（ripple effect）——即是說，在個人生命中某個範圍內所發生的改變，會推廣及擴展到其他範圍。艾力遜（Milton Erickson）説：「河堤上的一個小孔〔看來它並不會〕淹沒全地，只可惜它會這樣，因為當你一旦以某種方式突破了一種被改變了的行為模式，裂縫就會不斷行進」（Haley 1985, 1:102）。改變是易於感染的；重要的是要啟動改變的過程，好讓某方面的成功改變也擴展到其他方面。

把面談次數維持在一個小數目內，也可以防止在輔導過程中形成倚賴的關係，而鼓勵受助者以新的或更新了的資源來處理問題。而且，把面談次數維持在一個小數目內，是承認其有限性；那假定了我們是世界的一部分，這世界被個人和集體的罪、焦慮、損失、疑慮和説不盡的衝突所侵擾。罪惡是有滲透力的。牧養輔導的任務，不是要消除一切罪和惡的疾病，而是要幫助他人**著手**去處理他們所面對的難題，並幫助人忠於上帝的呼召。

建構一種同感的關係

輔導裏要緊的第一步，在短期牧養輔導裏更是加倍的重要，就是與受困擾的受助者建構一個充滿信賴和接納的堅實基礎。從第一次面談之初開始，牧職人員就要激發受助者，使他們願意合作，以達成改變。這包括了仔細聆聽、暫停審斷、給予合宜的溫暖和尊重等具體專注於他人的表現。牧職人員或許已經和帶著問題前來的那人有良好的關係，就如連牧師和羅傑．培特理的例子；那麼，所需要的就是鞏固目前已有的關係。

在輔導關係中，牧者獲得說某些話或運用某些介入方法的權利；然而，助人者的角色並不是必定會自然地帶來尊重，大部分的受助者都不會認真看待助人者——除非他們尊重助人者。尊重主要是藉著與受助者建立的關係而獲得的，即容許受困擾的受助者去體會和分享他或她的感覺。這些關顧技巧（通常稱作「同感」）已詳細及廣泛記載於牧養和心理治療的著作中（參考例子：Egan 1990; Clinebell 1984; Stone 1991, 1993）。

集中在問題上

「如果要治療恰當地完結，它就要恰當地開始——藉著商討一個可以解決的問題。」（Haley 1976, 9）短期牧養輔導其中一個首先的任務，是找出（一個或多個）主要的問題。所提出來的一般議題，需要用特定、具體的詞藻作出清晰的界定。它們需要用一種能使得它們可以被解決的方式來提出。譬如說，形容某人自尊偏低是含糊的說法，並不是問題的具體定義。當某人的自尊成功地提高了，其他人怎能曉得呢？

就羅傑．培特理的個案來說，一個比較確切的定義會是：「我現在情緒低落，我曾經想過離開我東部的家，但是現在我懷念我在那裏所擁有的活動和朋友。在尋覓新的活動或在結交朋友上，我一直是太被動，我把我在這裏的家庭成員變成了我惟一的朋友；當我告訴他們我的感受時，我又太『專橫』，不讓我的兒子和媳婦以他們自己的方式來經營他們自己的家。」

問題的定義愈是具體清晰，問題的解決方案就愈容易找到。所以，很重要的是：從短期牧養輔導最初的片刻開始，就要把焦點放在主要的（一個或多個）問題上。短期牧養輔導的主要關注點，並不是人格上的基本轉變，而是對於特定的問題的處理。人格在某程度上也會有一些修正，但那不是最主要的目的。

評估問題

醫學模式（先診斷、後治療）不一定是牧養輔導所用的模式。在短期牧養輔導的評估階段，在著手處理問題之先，並不需要全部的資料。診斷和治療、評估和以改變導向的活動，在每次面談中從頭到尾連續地出現。解決人們的問題這個過程，可以在開始第一次面談的數分鐘之內開始。因為評估是一個在不斷進行中的過程，所以，受助者一旦開始有所行動，輔導員就會獲得不少的資料。短期牧養輔導的評估焦點在於尋找觸發問題發生的**線索**（刺激），以及那使問題繼續下去的**強化因素**（獎賞）。

說到評估這項任務，牧者和受助者都參與在其中，它不只是牧者為受助者做的事情。評估本身不是冗長的，雖然要到所有面談都結束了的時候，評估的過程才算是真正完成。全面地發掘某人的歷史，或去發現行為的根本成因，並不是必要的；受助者不需要有頓悟才能有行為。

在每次輔導面談的時候所發生的一切，較之為某些行為所提供的因果解釋重要得多。韋克蘭（John Weakland）等人（Weakland et al. 1974, 145）認為，不論問題的原因為何（假設可以可靠地辨識一個原因的話），問題「只會在〔受助者〕，以及和他有互動的人不斷出現的一些行為的支持下，才會繼續下去。對應來說，這類支持著問題繼續下去的行為，如果一旦被適當地改變或消除了的話，該問題就自然迎刃而解或消失了，不論它的性質、源頭為何，也不論它維持了多久。」

牧職人員需要問受助者的一條重要的問題是：「為甚麼是現在？」受助者天天都活在問題、壓力和拉力之下，是甚麼導致他們在此刻前來尋求輔導呢？譬如說，是甚麼促使一對夫婦在過了二十五年互相爭鬥的生活之後，今天前來要求輔導呢？

真個地問受助者「為甚麼是現在？」，有時候也能得著答案，雖然有些受助者需要多問幾次，並以不同的方式去問。**大部分助人者的危機**——不分從事精神健康護理的專業人士或牧職人員——是當他們聽不見受助者對「為甚麼是現在？」這條問題給予一個爽快的回答時，便開始針對受助者的個性或人格上的明顯缺點。這樣做是移向長期輔導的方向。在這樣的情況下，想要達到的目標再也不是受助者的目標，而是助人者的目標。這導致畢達曼與顧爾曼（Budman and Gurman 1988）所說的「全面翻修治療」（"total overhaul therapy"）。這樣的輔導差不多自然地略過受助者的強處和他們現有的支持網，而只專注於責任方面。要是略去了「『為甚麼是現在？』」這條問題，就是把受助者的即時需要和掛慮擱置一旁，而注意助人者早已擬定，那按助人者心目中的健康人格的定義來制訂的人格重構。這種做法可不是短期輔導要做的任務。

「你想輔導進行得有多快？」是另一條有時候用得著的問題，特別是對於那些想快快完結輔導的心急人來說，更是如此。快速進行的短期輔導跟慢慢地進行的輔導一樣有能力和有效，但那會是極其費力的經驗。輔導員也許可以先提醒受助者：「你必須極其努力；除非你肯拼搏，勇往直前，不然的話，你就不應該考慮這麼做。」有時候，在人們決定採用這個選擇之前，給他們幾天的時間去考慮，也是有益的。

評估過程的另一個重要部分，是要去辨識受助者之前為改變所作出的嘗試，好讓牧職人員能夠把這些方法擱置一旁，把它們看成是比較不可行的方法。人們經常從這裏或那裏聽取忠告，卻一直無法依照忠告去做。菲爾德斯（W. C. Fields）的勸勉適用於這些情況：「如果在起初你不成功，一試、再試，然後放棄。為此做大傻瓜是沒有用的。」好心的助人者太常給予受助者**過多相同的**忠告。如果它在過去行不通，就不要再試了。試試一些與之前所嘗試的解決之道無關的東西，甚至可能是一些完全相反的東西吧。

要獲得受助者的有關資料，其中一個快捷的方法是利用問卷。往往長約一至兩頁的問卷，可以快速地給牧者一個概念，知道使人困擾的議題範圍有多大。因為短期牧養輔導的目標並不高遠，所以不會把焦點放在許多被發現有問題的範圍上，但問卷可以幫助牧者和受助者集中在主要的範圍上（有關問卷的樣本，可參考本書附錄）。

尋找例外

來尋求輔導的人傾向認為，他們的問題一直都存在。事實上，當他們的問題沒有出現的時候，他們並沒有注意到；又或，他們把問題的不出現當作是一種意外。評估不但注意到有問題的行為的線索或強化因素，也注意到狄世沙（Steve de Shazer）所說的**例外情況**，就是沒有問題時所發生的一切（de Shazer 1988, 53）。做父母的也許會聲稱，他們的兒子「總是時常痛打妹妹們」。無論兒子實際上使用的暴力程度如何（這一點不應被忽略），他並不是實在地「總是時常」使用暴力的。狄世沙認為

> 問題看來持續下去，只因為它們自己持續下去，又因為案主把問題描述成是**時常發生的**。所以，當問題不存在的時間，就被案主當作是瑣事而從意念中把它們摒除，或甚至是由始至終完全看不見它們，一直隱藏在案主的視線以外。……對案主來說，他把問題看成是主要的（而例外的情況，即使看得見的話，也只是被視為是次要的）。

就短期牧養輔導而言，例外情況是最重要的，可以作為輔導最重要的焦點。

尋找例外需要問及一些不是慣常在輔導中問的問題（O'Hanlon and Weiner-Davis 1989），例如：「當你沒與配偶爭吵的時候，那些時間有甚麼不同？」「你怎樣可以不吵架？」「不爭吵時是怎樣的？」「當你們不爭吵的時候，你的配偶、家人或朋友可有注意到？」「你怎麼能說，他們注意到了？」以及「你們是怎樣停止爭吵的？」

另一進路，是讚賞其中的一方或雙方。譬如，你可以說：「上週末你的兒子在沒得到准許的情況下取用車子，當時你沒有陷入爭吵之中，我為此感到高興。」牧職人員讓受助者注意到，他們沒陷入爭吵之中的那個時間。如此一來，牧職人員就強調了一個帶著力量的時刻，而不是面對困難的許多時刻。即使事情在很久之前發生，「我為此感到高興」這句話是以現在式說出的。這個進路假定了人們是能夠不爭吵的，或假定了人們是能夠在被惹動的時候不變得過分防衛的。

派定家課也是常用的手法。就拿一對偶爾會爭吵的夫婦來說，家課可以是：「在未來一個禮拜，觀察一些在你和太太的關係中所發生的事，是你期望會繼續發生的。」一旦發現了問題之外的例外情況，輔導員就應該敦促受助者，勉勵他們多重複這些例外情況。於是，這些例外就變成了要做的家課。家課不應該是提出一些對於受助者來說是新的東西，而應該勉勵他們，要多做一些他們已經在做著的事情。那麼，這些例外就可以作為輔導的目標了。

確立有限度的目標

傳意學理論家諾頓（Robert Norton，轉引自de Shazer 1991, 53）提出，雖然「不少的精神病治療法，花時間力求解開問題的正確、清晰的成因，作出透明如水晶、沒有前後不一致的分析，結構流程純淨，但短期治療師就是滿足於一個行得通的混濁解決方案。結構的流程可以是被弄糟了的、不合邏輯的、前後不一致的，只要解決方案行得通就可以了。」資料往往有礙行動，因為它不是聚焦在有所行動上。奧漢良和韋拿戴維斯（O'Hanlon and Weiner-Davis 1989, 38）指出，助人者「常常陷在進退不得的景況中，因為他們有的資料太多而不是太少，又或，他們擁有太多有關問題的資料，太少有關解決之道的資料」。我注意到，大部分初當牧養輔導員的人，他們花在分析問題上的時間，比花在尋找解決方案上的時間要多。

在頭一次面談裏，牧職人員幫助受助者去建構一幅未來的圖畫——當問題解決了以後，未來會是甚麼樣子。從輔導過程最初的片刻開始，雙方應該定下目標，並藉著決定達到目標的方法來努力達到目標。

具體詳盡地描述問題，並意識到問題的例外情況，就可以輕易進一步確立一些有限度的目標；這些目標就是有關期望中的轉變，或有關解決方案的清晰描述。目標是由牧者和受助者雙方共同選定的。雙方一同找出能在短期間成就的，一些現實的、可以達到的目標。要成功地取得結果，關鍵的一點在於受助者不要嘗試覆蓋太大的範圍，嘗試作出太多太快的改變。在稍後的時間，當這些有限度的目標達到了以後，總是可以確立一套新的目標的。

在把人們的視野從注意問題轉移到為他們的未來建構一幅圖畫一事上，有兩個方法很幫得上我的忙。第一個方法，是對受助者說：「告訴我，你想你的生命在一個（或三個、或六個）月之後有多麼不同？要現實一點，要認識你在工作、家庭和財政上的限制。也要很具體。」可能的回答有例如：

- 我會報讀一個會計課程，好讓我能在審計署求得一份更好的工作。
- 我會參加酗酒者匿名戒癮會，並學習如何和我那個酗酒的丈夫一起生活。
- 我會參加教會的詩班和男士天地，好幫助我離家外出，並與人有更多的交往，而不是躲在家裏自怨自艾。

第二個方法是受狄世沙影響的（de Shazer 1988, 5）。問受助者這條**神奇問題**（magic question）：「假設你明天早上醒來，你的問題神奇地消失了，你怎麼會知道呢？假如由於魔法的力量，你的問題不再存在，你的生命會有甚麼分別呢？你的家人或朋友怎麼會知道？他們會怎麼說，你已經改變了呢？我怎麼能夠認出這種改變？」在兩三次面談以後，可以問一些補充的問題，例如：「有沒有一些日子發生了些微的神奇改變呢？」「這些日子跟以前的有甚麼不同？」第二輪提問的目的是要幫助受助者認識到，改變不只是有可能，更是已在發生了。

上述兩個方法，都是幫助受助者去預見一個新的未來，以及建構一些具體的目標。這兩者都可以在面談中加以討論，又或，可以作為輔導員給受助者的家課，一些書面的練習。

稱呼受助者的方式和所發問的問題種類，有助於受助者預見一個新的未來和制訂一些可行的輔導目標。在輔導中，大部分人都傾向於以現在式來談論他們的問題。要易構（reframe；詳參本書第四章）他們困難，其中一個巧妙方法，是以過去式來指稱它們。而且，當提到輔導目標的時候，最好用「當」而不用「假如」。譬如，說「你認為，**當**你開始提早收工回家時，**會**發生甚麼事？」，而不要說「你認為，**假如**你開始提早收工回家，**可能會**發生甚麼事？」

已婚人士容易以配偶行為上的缺點來描述對方，這樣的描述需要更正。例如，把「他不體諒人」這句話說成「當你想要討論些甚麼的時候，他不注意你」就比較好。如此一來，輔導目標就從改變個性上的特點，轉為在一些特定的行為上作出修改。

有些人在輔導的時候只想談問題；在每一次會談的時間，每逢輔導員主動提出要討論問題的解決之道的時候，他們總是迅速地閃避開去。面對這類人，恰當的做法是提問這類問題：「問題好些的時候跟問題差些的時候有甚麼分別？」，或使用神奇問題。又或，問「改變正在發生會有甚麼最早的先兆？」大部分受助者容易把注意力放在最終的答案上——就是當一切事情都完全如他們所願的發生的時候——而不願去留意，當過渡期和成長來到時，最初出現的一些微妙的徵兆。這類問題有助受助者對這些細微的改變更為敏銳。

有些人認為，問題只存在於他們身外的一些人或事物。牧職人員不免必定會提出各式各樣的建議，而他們就會回答：「對，只是⋯⋯」。有時候，為這類受助者承受的痛苦而稱讚他們，是有益的。告訴他們，你看出他們還是抱著一線希望的，不然的話，他們就不會出現在你的面前。另外，也值得稱讚他們這一點：在了解他們的問題的成因上，他們是優秀的歷史學家（Berg 1991）。目標是要改變他們的自我觀和他們對問題的想法，好讓他們開始看見，他們是有份於問題的解決方案的。

遇著一些特別具挑戰性的受助者，燕素金柏（Berg 1991）建議用**評分問題**（scaling questions）或**應付問題**（coping questions）。評分問題可以是：「如果十代表你會用**盡一切可能的辦法**去解決你和妻子之間爭吵的問題，而一代表你只會坐在那兒，甚麼都不作的話，那麼在從一到十的評分上，你在哪一點？你的妻子呢？她會說你在哪一點？你的鄰居呢？你最好的朋友呢？如果要從評分上的五進到六的話，你需要甚麼？如果要你妻子說你已從五進到六了，那需要甚麼？」

在一些在受助者看來是完全絕望的處境中，應付問題可以是有用的。「你怎樣應付？」「你怎樣過日子？」「為甚麼事情沒有變得更糟？」「你告訴過我有關你的背景，從中可有甚麼是讓你把事情應付得像現在一樣好的？」這類問題不是把焦點放在問題上，而是把焦點放在那存在於受助者本身的強處上；是這些強處讓受助者能以應付他們的問題。

當受助者開始講述他們的問題時，其他問題也經常傾倒出來。這個雪球效應很容易被人誤解，以為它是一個顯示必須進行長期治療或作出轉介的記號。牧者最好不要讓輔導過程被打岔，以致關注那些在鎖定的目標以外的其他問題——無論它們看來是多麼的重要。牧職人員只要說：「那聽來似乎是要緊的事情。在我們達到了你的目標以後，如果你喜歡的話，我們可以著手處理那個議題。」

韋爾斯（Wells 1982, 12）這樣說：「短期輔導的過程隱含著一個信念：集中焦點在生活中一個單一但重要的問題上，這樣做最有可能帶來改變（又，反過來說，隱含著這個信念：不少解決問題的自然方法，都因為試圖同時處理太多困難而被減弱）。故此，牧者需要幫助這面對著各式各樣的問題的受助者去選定一個或兩個目標，作為最優先要處理的事情。短期輔導既然受時間所限，它的目標也必定受到限制。把焦點收窄到一兩個小目標上，那可以增加改變實際會發生的可能性。

關於設定目標，我還想到一點：我遇過很多受助者，他們過去在輔導方面的經驗是叫人失望的。在很多個案裏，他們來的時候是為了一個問題，但所接受的治療，卻是針對治療師認為是更加重要的另一個問題。例如，一個過胖的男人想輔導員幫助他控制體重，但他大部分的治療性面談都花在重建他與父母，尤其是他與母親的關係上。治療師認為，他的家庭關係是他減肥成功的鑰匙，但那人在二十多次面談之後就半途退出了，因為過程中甚少留意他進食過量的問題。所制訂的牧養目標，都需要與受助者的目標有直接的關係。先彼此商量，然後雙方採納一個目標；如果無法達成共識，就不要讓這個人前來接受輔導。

建構藍圖

很多時候，讓受助者踏上解決問題之路所需的一切——不論問題看來有多複雜或多麼不容易處理——就是一個小小的改變，他們在處事方式上少許的更改。有一個推論適用於這個情況：目標愈大或愈全面，不能達標的可能性就愈大。由是，短期牧養輔導的一項重要任務，就是建構一個能幫助受助者即時作出小改變的藍圖。

建構藍圖主要是牧者的責任，雖然那是和受助者一起構思的。目標被化成會眾能夠明白和實行的一些具體任務。這藍圖得以成功有賴兩件事：第一，受助者必須理解所需要用來面對難題的具體步驟；第二，他們採取的步驟必定是在一段短時間內可做到的。受助者需要承認並相信，在他們面前的任務是可行的。

在輔導過程中保持主動

當牧者幫助會眾解決生活的難題時，需要採取一個近乎主動的立場。即使非直示性的（nondirective）輔導技巧在建立關係上有用，牧者也不應該純然是反應性的；那就是說，牧者不應該只是聆聽會眾的難題。在短期牧養輔導裏，牧者不可以往岔路上走，不匆不忙地與受助者建立信賴的關係、被動地聆聽，或探問全面的個人歷史——這一切都可以是長期輔導的部分策略，而受助者經常看它們是與幫助解決他們的問題無關的。

助人者與受助者一同選定目標，以之作為輔導的焦點，但說到選擇各樣用來達成目標的介入方法，就是助人者的責任了（第四至十一章會介紹並示範其中多種介入方法）。一個近乎主動的立場意味著由牧職人員選定所需用的特定的改變步驟。

韋爾斯（Wells 1982, 9）給近乎主動的立場下了一個很好的定義：「所運用的改變方法經過規劃，就是包含著一連串的步驟（或階段），這些步驟把改變的過程化整為零，指導著助人者和受助者的活動。」這類方法在有關牧養輔導和心理治療的著作中有很好的說明。沒有一個牧職人員或輔導員可以學盡現存的所有介入方法，但每個助人者都需要掌握五至十種不同的輔導介入方法，好使自己能夠應付各式各樣的困難局面。

派定可做的家課

莫雷爾（O. Hobart Mowrer）説過：「採取行動以至於進入一種新的感覺，較之培養感覺以至於進入一種新的行動方式為容易」（Clinebell 1977, 171）。發動改變的其中一個最快的方法，是藉著使用面談時間以外的作業或家課，去面對真實生活中的一些特定議題並有所行動。牧職人員和受助者需要在這些作業上取得共識，不過要建議一些合適的家課就往往得靠牧者的專長了。有關家課的主意常常會在談話之間被自然地提起，而牧者就會把這些主意化成受助者可以在真實世界裏實行出來的一些實際任務（本書第二章詳述家課的種種）。

在受助者的強處上建造

正在渡過艱難時期的人們，容易忽略自己的強處和所擁有的資源。畢達曼與顧爾曼（Budman and Gurman 1988, 14）指出，短期導向的輔導員的「定位是注意健康而非病患。短期治療師想要幫助人在自己已有的強處、技巧和能力上建造。」短期牧養輔導不是要打破人們的防衛，而是要建立或動用他們應付困難的資源和力量。要幫助人對自己感覺好些（因此促進自尊）的其中一個最快捷的方法，是幫助他們去動用一些他們已忘記了的強處。要處理一個問題，一般來説並不需要拆毀人們的防衛機制，也不需要獲得有關個人防衛的一些頓悟。藉著在人們本身的強處上建造來幫助他們，那不但需要較少的時間，更比拆毀他們的防衛來得**更為人道**。由是短期牧養輔導的焦點較少是在症狀、問題和解釋上，較多是在能力、強處和解決方法上。那是要在受助者的環境或他們處理問題的做法上，作出具體的改變。情緒或頓悟方面的改變是次要的。正如亞歷山大（Franz Alexander）所說的：「沒有頓悟、沒有情緒宣洩、沒有回溯（recollection）可以跟個人在實際生活處境中（受助者曾在此失敗過）的成就同樣令人安慰」（Wells 1982）。情緒紓緩和頓悟是短期牧養輔導的自然結果，這輔導過程是建基於那潛在於受助者本身的強處。

簡單來說，焦點不在人們的問題的**為甚麼**，而在**甚麼**。辨識那會對受助者有益的特定的行為改變，和取得這些特定的行為改變才是真正的目的（Watzlawick, Weakland and Fisch 1974）。在現有的技巧上建造，是達到這個目標最好的——也許是惟一的——方法。當人們在自己身上為自己作出特定的改變時，他們就經驗到從痛苦的壓力和低落的士氣中得到紓解；這壓力和士氣低落是伴隨著他們的問題而有的。

在人們的強處上建造，其中一個重要方法，是親切地款待他們。面談必須是一個讓受助者感到受歡迎、得鼓勵，以及他們會因為做得好而獲得讚賞的地方，而不是一個挖掘過去的錯處或現時的症狀的地方。在頭一次（有可能是惟一一次）面談將近結束，在討論家課的安排之前，給受助者適當的讚賞是好的。狄世沙寫道：「讚賞的目的是要建立一個『凡是一傾向』（yes-set）來幫助受助者進入一種思維框架，好接受一些新的東西，即治療性任務或引導語。」（de Shazer 1985, 91）適當的讚賞有以下的例子：

- 我很高興你一直以來是那麼盡力地去幹，以求改善你的問題。雖然你還沒有達成你想望中的目標，但明顯可見，你已付出了相當的努力。
- 關於你們的兒子的行為，你們二人給了我全面而詳盡的資料，為此我要向你們致敬。
- 你今天到我的辦公室來，這對你來說一定是難的。我想誇獎你：你有勇氣來到這裏跟我談這些事情。

終止輔導

短期輔導的一個好處，是較常由牧者而不是受助者終止輔導。短期牧養輔導的方法，按其定義是適用於少於十次（通常只有一至三次）面談的個案。因此，從第一次面談的開頭開始，牧者和受助者就要為他們的輔導關係將要完結而編訂計劃。這個信息必須清晰：雖然在事後你仍然繼續作他們的牧者，但你只會跟他們進行有限次數的輔導面談。奧漢良和韋拿戴維斯（O'Hanlon and Weiner-Davis 1989, 178）指出：

> 治療師無法終止輔導的其中一個原因，是因為

> 即使當再也沒有問題的時候，案主還是提出一些似乎是值得治療師介入的生活細節——與配偶的一場爭吵、工作上倒霉的一天、不顧醫師嚴格規定的節食餐單狼吞虎嚥一番，諸如此類。可是，我們都知道，起起伏伏是生活的自然組成部分。治療的意思並不在於以它作為破解生命中一切挑戰的萬靈藥。

輔導的目的不是要解決人們一切的問題，而是要作出初次的突破，幫助他們獲得一些必需的基本技巧，好讓他們在輔導完結之後繼續發展和成長。雖然牧者仍會繼續提供牧養關顧，但在輔導中所建立的特殊關係就得結束了。

就拿羅傑．培特理的個案來說，輔導關係完結得很美麗。在初次探訪之後，連牧師跟羅傑和他的家人見過兩次。在該兩次面談中，每個家庭成員都表示，願意把羅傑納入他們的家庭生活，以及幫助他從獨立地生活過渡（這對於羅傑是難的）到融入他們已然運作的家庭羣體裏。他們一同想出了十來種方法，是羅傑可以用來建設他們共同的生活的。例如，羅傑多年以來喜愛園藝，他可以照顧那個遭人冷落的花園兼菜園，那是他的媳婦培特理太太幾年前在一股回歸大地的熱誠下開墾的。更重要的，是家庭會議向來沒有羅傑的份兒，因為其他的家庭成員以為這是他不感興趣的；現在，在例常的家庭會議上有他的份兒，在會影響全體的決定上，他有權發言。

連牧師又和羅傑單獨進行了一次面談，發覺他變成了一個截然不同的人——比較輕鬆自在。他看來甚至在聽力和視力上都有進步。在這次跟進面談之後，是時候要結束輔導面談，回到二人從前的牧者和會眾的關係上了。

到了輔導關係要結束的時候，重要的一件事是與會眾回顧一下他們在輔導過程中所得到的益處。這些益處對助人者來説可能是很明顯的，但受助者也許完全看不見它們，或只把它們歸因於運氣或歸因於牧職人員的照顧和關心。

回顧一下已取得的改變和已學會的技巧，也包括了查看一下有甚麼議題是**沒有**處理過的。在這個時刻，要為未來提出一些建議和策略。與受助者討論一下，萬一他們的問題再次出現時他們會怎樣做，往往是有益的。例如，處理一些有自殺傾向的人的個案之時（他們初來尋求時有自殺的傾向，但現在再沒有了），牧職人員大可以預測，受助者**會**再次萌生自殺的念頭。這樣預測也許會使受助者震驚，又或，他們也許不想談這件事，但是，擬訂一套行動計劃來應付自殺的念頭（當它們再次出現時）會使他們有計劃可以依循（例如，馬上聯絡牧者，去探望朋友而不要獨個兒留在家裏，回到醫生那裏接受更多的抗抑鬱藥物治療）。這樣的討論通常帶出兩個結果的其中一個：如果受助者沒再次想到自殺的念頭，他們會忘了牧者曾經預計過的那些感覺可能會再出現；又或，如果他們這些念頭真的再次出現，他們就會想起，已經預計過那是正常的、在預期中的再次出現的，於是開始依照那已經擬訂好的計劃採取行動。（很多時候，人們建議把他們的未來計劃寫在一張卡片上，放進錢包裏。）

有些受助者隨著終止輔導的時間臨近，就變得焦慮起來。他們通常是感覺好些了、生活好些了，但害怕在輔導停止之後又回復舊貌。他們或許會提出一些新的問題，或退到舊問題上，為的是要延長接受輔導的時間。當這些訊號出現時，至少可有兩個行動方向：第一，回顧一下他們在輔導裏取得的成就，並且表明，雖然成長是一條崎嶇的路，他們還是能夠走過的。第二，不要立即終止面談。既然他們已經宣告了害怕獨個兒走下去，那麼，較溫和的方法是延長面談與面談之間的時間，及把每次面談的時間縮短。最後，訂下兩三個月之後的一次約會，用來回顧進度。一個適合的程序是：安排一個跟進會議，在**所有**輔導面談都終止了之後的兩至四個月進行，好讓已有的改變得到仔細的調校和強化。當牧者在每週的教會活動中看見受助者時，應予特別注意。

最後，牧職人員需要讓人們知道，當有新的議題出現或舊的議題再次出現的時候，他們可以回來接受輔導。雖然目前的問題已到了解決的階段，正式的輔導關係也在結束了，但沒有人能夠知道，在未來會有甚麼新的困難出現。短期牧養輔導法是那麼適合於堂會的牧養，原因之一是人們可以真誠地確信，關係不是完結了，只是轉變了，一有需要的時候，就可以得到幫助。

2 面談與面談之間

亞蘭王軍隊的元帥乃縵給他的王帶來輝煌的勝利，但乃縵自己則患了大痲瘋，而且總是找不到醫治自己的方法。一天，他的一個僕人告訴他，撒馬利亞的一個先知可以幫助他。他就去見王，並獲得批准去尋求醫治。他帶著相當多的財物同去，大約有七百五十磅的銀子和一百五十磅的金子作為禮物。

當乃縵來到以利沙先知的門口，先知沒有接待他，只是派人傳達一個口訊給他：「你去在約旦河中沐浴七回，你的肉就必復原，你就得潔淨。」

這種意料之外的治療法令乃縵大為光火：「我想他必定出來見我，站著求告耶和華他神的名，在患處以上搖手，治好這大痲瘋。」乃縵想以利沙在他身上揮動家傳戶曉的魔術棒，使他的病得到即時的醫治。

乃縵的僕人們提醒他，他已經為是次行程投資了許多，又在預備禮物上花費了不少。於是乃縵變得溫和了，他遵從先知的指示，在約旦河中沐浴七回，「他的肉就復原，像小男孩的肉；他潔淨了。」（王下五10～15，經本書作者增刪）。

乃縵做了家課——他來到先知那裏尋求幫助，他的幫助者指派他去做一項任務，他做到了。預計輔導會有多成功的其中一個最好的方法，是觀察受助者在第一次和第二次面談之間，他的家課做得有多好。那些為改變自己的人生負責的人，差不多總是認真地看待面談之外的作業，並且完成它們，正如全心全意地去做一樣，難怪他們也由此經驗到正面的成長，以及困難得以解決的喜悅。相反，那些不做作業或只付出很少努力去嘗試的人，就沒有多大機會產生有益的改變。

輔導的真正運作不是發生在面談的一個小時之內——在那裏已建立了一個安全友善的環境——而是在一周內其餘的一百六十七個小時之中。作業或家課是一個方法，延伸牧養介入的影響，幫助受助者為他們的問題做一點事情。（對某些人，我不用「家課」一詞來描述他們要在面談與面談之間做的任務，因為自從他們上學的日子，「家課」一詞留給他們極壞的印象。）做家課的目的，是使輔導中所發生的改變顯得有效，並鞏固這些改變，以及把這些改變的影響和所涵蓋的範圍，擴大到人們日常生活的其他方面。家課刺激人有所行動，把輔導的好處延伸到日常的世界中。

雖然派定作業在其他模式的輔導中也是常見的做法，但短期輔導就把這個做法加以發展和改良。家課包括了多樣化的活動，是受助者可以在面談之外付諸實行的。家課的一個次要的好處，是它們有助於縮短輔導的過程。

派定家課

牧者如何選定家課，對於它們的達成與否具有關鍵性。以下是有關如何使用家課的一些建議。

選擇直接有關的家課

使用一些與輔導的目標有直接關係的家課是重要的。雖然這或許看來是顯而易見，但輔導員有一個試探，就是去發掘問題的「根本成因」，因而選擇一些聚焦於所假定的根本成因之上的家課。在短期牧養輔導中應避免這一點。較之那些用來對付根本成因的家課，直接針對輔導目標的家課通常對受助者更具意義，因此也就更容易為受助者所接納。

使用難度適中的家課

除了要和輔導目標直接有關以外，家課不應該太難或太簡單。不然的話，受助者就不會享受到成功感，而成功感是做好家課的一大動力。家課應該有相當的難度，讓受助者有能以駕馭的感覺，但不應該難到受助者無法達成的地步。如果牧者對某人的能力不大清楚的話，那就應該分配一些較容易的家課。又，在危機中的、抑鬱的，以及那些被種種情緒困擾著他們的思維的受助者，在做作業上會遇到較大的困難，應該給他們派定一些不那麼困難的家課。

派定一系列難度遞增的作業

有時候，我們需要用到一些難度遞增的作業。譬如說，對於大學裏一個害怕女生的男生來說，適當的家課不應該是「在這個禮拜裏跟幾個女生談話」。對於他，這也許是太艱難的一個吩咐。對於他，適合的第一步也許是：去參加校園內一個有男又有女的學會聚會（例如在校園內舉辦的一個基督徒團契聚會）。他不需要對任何人說甚麼話，只要參加聚會，成為聚會中的一分子。這項作業成功做完了以後，他可以在接下來的多個星期採取一些較難的步驟，直到他能夠主動跟女生談話為止。（這其中需要多少個步驟，視乎該名學生的焦慮程度。）

彼此商量、制訂作業

通常所選定的家課需要經牧者和受助者雙方商量才制訂，而不是簡單地由牧者處方。除了某些危機情況（Stone 1993）或弔詭式介入之外（在弔詭式介入的個案裏，家課需要由牧者處方，參第四章），較可取的方法是與受助者一起討論可能會做的家課作業。

當談到具體的家課選項時，使用前設性的字眼是有幫助的。例如，說：「你去了教會詩班練習**之後**，要告訴我你和其他詩班員的談話進展如何，以及你當時實在想表達的是甚麼。」不要說：「**如果**你去詩班練習。」「如果」表示一個不肯定的狀況。在這樣的例子裏，受助者如果有份於選擇作業的話，就比較有可能完成它們。

讓受助者知道家課作業的重要

受助者愈覺得做明確的家課作業是重要的，他們就愈可能把家課做妥。很多時候，只需要向受助者解釋作業的價值和意義就行，不需要其他甚麼。有的時候，當輔導員把家課說成是一項**實驗**，而不是受助者在餘下的一生中需要完成的任務，就能幫助受助者接受某項家課。然而，家課作業都是派定的，但它們需要被組織起來，使受助者覺得它們有意義和合理。

承認已做好的家課

有些人很難相信自己能做出甚麼有價值的東西，結果輕看他們已做好的任何家課，只當是「走運」或當作是別人努力（例如牧者的支持）的結果。因此，他們不會感到能以駕馭，也不會出現隨之而來的感覺和行動，於是家課的一項主要的價值就失去了。所以，牧者需要幫助受助者承認，後者在完成家課上所作出的參與。這一點再不能更強調的了，因為有些人總是不肯承認自己的個人成就。

預習家課作業

有些受助者不做家課，因為不論一切外表看來如何，他們就是缺少了必需的信心或技巧。例如，在婚姻輔導方面，輔導員經常告訴求助的夫婦，要向對方表達自己的感受，把感受明明白白地説出來。這是好的提議，但如果那人連感受是甚麼都不知道，更談不上如何表達它，這又如何呢？受助者不會把家課做好——又或，即使他嘗試去做，也終告失敗——這不是由於受助者的抗拒，而是由於助人者安排得差勁。在這樣一個處境下的牧職人員，需要藉著擴張受助者的情感意識，幫助他覺察甚麼是感受。然後，牧者可以教他一些表達感受的技巧，讓他在面談的時候練習。在面談之時讓受助者模仿一些特定的行為，利用行為預演（behavior rehearsal；參本書第七章）提高受助者在輔導員的辦公室之外做好家課的可能性。

規定作業的細節

受助者的抗拒、感到混亂，或是作業的某些細節沒有被交代清楚，都是妨礙完成家課的原因。要給予一項在面談時間之外完成的作業，其細節——「去在約旦河中沐浴七回」——是需要細緻安排的。例如，假設一對夫婦需要就著如何使用金錢的問題作出更有效的溝通，那麼牧職人員就需要幫助他們決定：他們有多少時間作討論、在哪些日子討論、在每個日子的甚麼時候進行討論、他們會如何處理爭論，諸如此類。假使他們為了應該由誰來開始談話而爭吵，那就需要一個解決之道。他們也需要用現實的眼光來看事情：討論的時間可以怎樣被拖垮了——並且需要擬訂一些方法來處理諸如雙方衝突或其中一方「忘記了」討論的時間，或孩子生病等情況。

這一切聽來很複雜，所涉及的細節比許多牧養輔導員個人所寧可選取的要多。我多年來實踐短期牧養輔導，其中包括了家課的運用，然而，我還是會因為受助者為蓄意破壞家課的完成而想出千奇百怪的方法而感驚訝。牧職人員在設定家課時要具體詳細，對於妨礙家課完成的障礙要有現實的眼光。

在家庭輔導方面，要確保每一位前來接受輔導的家庭成員都獲派一項要做的作業，即使他們的獲派的工作是站在一旁觀察，也是一份家課。「要把家課規劃好，像對待其他任何一項工作一樣。需要有人監督、有人計劃、有人檢查是否做妥了，等等。」（Haley 1976, 58）

最後一個提議：預備一些卡片（三寸乘五寸最為理想）給受助者寫下他們要做的家課的細節，隨身帶著。因為把家課記下來，把資料卡帶在身邊，他們忘記或把家課的事情搞糊塗的機會就較小了。把要做的家課寫下來有助於防止可能有的誤解，並且可加強做家課的決心。

對作業有所承擔

當詳細討論過有關作業的事情，考慮過它的好處以後，問受助者該項作業是否合乎情理。稍作停頓，用一點時間討論並問受助者是否願意做該項家課。這樣的查詢有助於確定受助者的委身程度。

如果他們看來有些遲疑，評論一下他們這種遲疑不決的表現，問受助者可以怎樣改變一下要做的家課，好讓他們感覺自在一些。經過一些談話之後，通常可以就家課的事情再次商量。如果受助者對作業有所抗拒，那就預示了作業不一定能夠好好做妥——又或，不一定能夠達成輔導的目標。對家課有所承擔，對於完成作業是具關鍵性的，對於讓整體的輔導努力取得成功，也是具關鍵性的。

加強學習

不要以為，因為受助者已成功完成了某些家課，他們就自然會得到想望中的益處；受助者不一定有期待中的頓悟（阿基米德的「啊哈！」〔Archimedes' "ah-ha" !〕經驗），或具備從做家課學習事情的能力。抑鬱的受助者就是一個好例子。因為抑鬱的人大多數在認知上以某種方式把現實加以扭曲（經常看自己是無用或不勝任的），所以，當他們確實做成了一些有益的事情的時候，通常都不肯承認。柏恩斯與貝克（Burns and Beck 1978, 120）說，抑鬱的人容易堅持這類負面信念，儘管實質的證據證明是相反的。因此，牧職人員有責任去判別，受助者是不是錯過了作業所帶給他們的教訓，並幫助他們反思他們的成就。很多時候，所需要的不外乎是一步一步地回顧他們的作業，由牧職人員鼓勵他們去看看他們已做了的事，同時承認並肯定他們在做家課上所顯出的勇氣、創造力、機智或主動性。

為沒完成的作業擬定計劃

有時候，在給予受助者派定家課的時候，請他們想到一些情況，在其中他們會嘗試**不**做家課的。例如，假設他們有一位市外的朋友突然來訪，那怎算？假設他們整個星期都工作得很晚，那又怎算？這樣的問題，有時候有助於事先處理某些在完成作業上所遇到的困難。

用使人沮喪的方式來談到家課的事，會是有幫助的；試試這樣說：「我相信，有一個方法可解決你的問題，不過恐怕你不會喜歡它。」這個方法對於個性反叛的受助者來說特別管用，他們可能會反抗那些叫人沮喪的話語……而確保要做好家課！面對著那些對另一個人懷有敵意的受助者，還可以加上這句有用的話：「不過，我相信你的配偶（上司、父母親、或任何人）更不喜歡這個方案。」

雖然如此，儘管有許多的準備和事先的考慮，你還是得預期，有些人是不會把他們的家課完成的。（乃縵沒有前去約旦河，直到他身邊的人說服他前去，他才有所改變。）為沒完成的作業擬定計劃，預備一個處理它們的策略。要小心避免兩種極端的策略。第一，對一份沒完成的作業不予理會是無益的。在每次面談之時以討論家課開始，就是向受助者表示，應該認真看待他們的家課。第二，為著受助者沒有完成作業而以一種憤怒、父母式的態度來訓誡他們，也是同樣地無濟於事。倒不如以一種平靜和成年人的態度，確定他們之所以失敗的原因，問他們發生了甚麼事，停下來討論一下。之後，確定問題的出現是由於抗拒、沒有能力、混亂，諸如此類的事。你或可說：「好吧，讓我們來看看發生了甚麼，好讓你能夠完成那把你帶到這裏來的輔導目標。」在這裏停下一會兒稍作討論，但不要壓迫，也不要放縱受助者。隨後，你可以說：「現在，這作業看來仍是合乎情理嗎？抑或，應該改變一下這個作業？」接下來的問題是：「你認為可以做些甚麼來讓這個作業得以完成？」

有些受助者試圖激起助人者的怒氣，因為那會再次證明，他們是沒人關心的，而且做家課也沒用，因為他們是幫不來的。容易被捲入這場把戲的牧者，需要找個朋友來預演這樣的情境，因為受助者對助人者的態度是很敏感的，他們能夠感覺到沒說出口的或不被承認的憤怒。

到最後，有些受助者會把家課做好，有些會把作業轉變一下，使之更適合自己，有些會做出與所提議的作業相反的事情來，又有些會逃避做家課。以上勾畫的策略增加獲得第一和第二種結果——即比較令人滿意的結果——的機會。

家課的種類

以下是可以在短期牧養輔導的面談中使用的各種家課作業的一個樣本。這些建議決不是一無遺漏，它們只是讓讀者體味一下在制訂家課作業上可能有的創意。

這裏的作業清單，只好作為訓練助人者的創造力和實驗技巧的起點。發展一些新的作業種類，就每個案例作出適當的剪裁。為幫助人們有所行動，發掘一些新的方法。當助人者在短期牧養輔導上出錯，大多數的錯誤是在於介入程度不夠、不夠冒險，在發掘作業種類或其他會幫助受助者成長並達到他們的目標的方法上，範圍不夠廣泛（Driscoll 1984; Egan 1990）。我將會討論三類家課：評估性的作業、行動性的作業和弔詭性的作業。

評估性的作業

要向受助者傳遞這個信息——牧職人員是認真地看待輔導，並期望受助者積極參與——的其中一個方法，是在第一次面談就派定要做的家課。在這個早期階段，一種有用的家課就是：有助助人者和受助者更了解問題的家課。評估性的作業積極地把受助者牽涉在內，讓受助者發現自己的問題和為解決問題而需要採取的方向。

評估並記錄某種行為。其中一項評估性的活動，是辨認並記錄某種特定的行為。行為學派的理論家指出，人們經常沒有準確地判斷問題的程度（例如，一個七歲的孩子是如何經常地挑起與五歲大的弟弟的爭鬥，或者，夫婦的一方向另一方嘮叨多少次）。所以，第一件要做的事就是：要設立一條**底線**。牧者和受助者雙方，都需要準確知道問題的範圍有多大。有些人會從早到晚不斷思想它，誇大它的範圍或頻率。這項資料稍後會讓牧者和受助者知道，問題改善了多少。圖表、哥爾夫球計算器、日記和日誌，甚至是從左邊移到右邊的衣袋裏的錢幣，都是量度行為頻率的方法。

寫札記。第二種評估性的家課是寫日記，特別是集中寫一個特定議題的札記。那個與女性交談有障礙的大學生，可以用一本札記來記下他與女性交談時的一切反應，不論多簡短。之後他就可以帶同札記出席面談，並大聲讀出其中的一些部分，從中幫助牧職人員和他本人，一同構思接下來要採取的步驟。

札記也可以用來記下一些由輔導而產生的改變；它特別能幫助那些對自身問題過度敏感，又把自己已經取得的改變忽略過去或忘掉的受助者。使用札記也是屬靈導引的一個典型操練，是把聖靈在個人生命中的活動記下來的一種方法；它幫助個人提高對自己與上帝的關係的敏感度。

閱讀書本或文章。閱讀書本或文章也可以起評估的作用。這樣的閱讀不應該是被動的，而是有一個具體的目的的。受助者閱讀某本書或某篇文章，在每一個描述他們的句子下畫線，或在有關的書頁上摺角。在接續的面談裏，牧者和受助者一同檢視已畫線的部分。由牧職人員提問一些有關已畫線的部分的問題，譬如它們如何說到受助者，又或，個人生命中有哪些是已畫線部分的例子。

在輔導抑鬱的人的時候，我經常要求他們看侯克

（Paul Hauck）的《克服抑鬱》（*Overcoming Depression* 1973）。我鼓勵他們評估自己的抑鬱狀態，並判斷那是否由於侯克所形容的「可憐的你」或「可憐的我」或「倒楣的我」而產生的症狀。

錄影帶也可以發揮相同的用處，請受助者在觀看的時候留意一些與他們的處境相似的地方。事實上，錄影帶避過了閱讀作業一個常見的缺點，那就是，只有積極讀書的人才有可能完成它們。我當初以閱讀作為作業的時候，有些人到了下次面談的時間還不曾看過指定的書本。於是我知道，很多人根本不看書——有些甚至在一年之內還看不到一本。於是我開始向受助者介紹錄影帶和雜誌上的一些文章，這些他們通常會看。

留心並記錄例外的情況。另一種與短期牧養輔導的總體定位相配合的一項評估性家課，是留心並記錄例外的情況。它要求受助者觀察，甚麼是在他們的生命中操作良好的東西，他們想把輔導建造在甚麼基礎上。可以作為家課的例子有：「列出一些你在夜裏做的、用來代替吃零食，可以避免你吃得過量的事情。」「記下當你**克服了**要吃零食的衝動時，你做了甚麼。」「注意在你的婚姻裏，有甚麼是你想繼續下去的。」

行動性的作業

第二類的作業，是主動地去做一些事，用來幫助解決問題。可能的活動所涵蓋的範圍只受想像力和創造力所限制。以下一些具體例子，是可以作為有用的行動性家課的種類。

新的體驗。給人帶來新體驗的家課，對於膽怯的和過分焦慮的人特別有幫助。這類作業幫助他們向一些他們平常是不會選擇的方向伸展。它們可以瑣碎至例如向一位有教養的男士建議，結上一條俗麗的領帶或穿上一條牛仔褲和一件汗衫。那也可以是意味著鼓勵人嘗試一種新的食物，例如印度烤餅或豆腐。任何促使受助者做一些新鮮大膽的事情，讓他們敢於離開他們的習慣的東西，都可以是有益的。

人際行動的作業。牧者也可以給受助者指定一些人際行動的作業，例如在婚姻輔導中，為想望開闢溝通渠道的夫婦設立談話時間。這樣的談話時間必須經過周詳的規劃，否則那催使二人前來求助的溝通問題可能會主導著整個談話時間，最終一事無成。牧者又可以安排一些家庭會議，讓所有的家庭成員在其中發牢騷、解決困難，並發展更具建設性的關係。

很多人前來尋求輔導時，常常背負著過去或現在的人際關係的歷史包袱；他們需要正視這些關係，把需要說的話說出來。敢於自表練習（assertiveness training）有助部分人處理困難的關係狀況，給（在生的或已離世的）父親或母親或過去的一些重要人物（significant persons）寫封信，是可以減輕人際間的歷史包袱的另一個途徑。（我通常要求受助者把這類信件的草稿帶來，在面談的時候加以討論，然後，讓受助者決定是否真的想把信件寄出。）

做一些與別不同的事。遇到一對夫婦或一個家庭中某人對另一人懷有不滿（並聲稱已「做了一切」來引發改變）是常見的事。某人對另一人的行為的反應模式通常都是同一個格式的。在這樣的情況下，給那人的作業可以是「做一些與別不同的事。」

例如，一位太太對丈夫的主要投訴是他的喝酒習慣。「我試過用一切的方法來勸阻他，」她抱怨道：「結果都不行。」事實上，她還沒有試過用一切的方法。當丈夫醉醺醺地回到家裏，她的反應是依循著一個相當典型的模式，這是她不察覺的。

對懷有不滿的那人，可以這樣建議說：「你這個星期的作業，是要做一些與別不同的事。每次占美酩酊大醉地回家時，我想你做一些你從來沒做過的事——不管那是多麼的令人費解或不尋常。重要的一點是：它要與別不同。」例如，太太可以完全不理會她的丈夫（在過去，她不是跟他爭吵就是要幫助他）；她可以換上最漂亮的衣服離家出外，不告訴丈夫她要上哪兒去；她可以坐下來彈琴或出去把車子洗擦一番，或邊抹窗子邊起勁地唱歌；有無盡的可能。

牧職人員不會發出規定那人要做一件甚麼事的處方，只要那件事情是創新的、最好那是令人感到意外的一種行為。

這種作業的一個好處，是可以用它來應付各式各樣的問題，而助人者也不需要知道準確的投訴是甚麼。這種作業之所以成功，是因為它突破了失效關係（dysfunctional relationship）所特有的循例反應（routine responses）；它打破了兩個人所陷入的一種作用與反作用的惡性循環（de Shazer 1985）。

自我改進的作業。自我改進的作業是另一種行動性的家課。這種家課的例子，是開始跑步的習慣或經過安排的運動計劃。其他例子有學習鬆弛練習（見本書第十一章）或報讀一個親職課程。受助者可以採納的還有許許多多的屬靈導引操練（Stone 1988）。參加適當的自助小組（例如酗酒者匿名戒癮會）是受助者可以採納的最有用的作業種類之一。為那些在處理問題上進展特別良好的受助者，規定一次在計劃之內的故態復萌（例如，回復看電視的習慣而不花時間與人共處），有時候是有用的，因為他們無論如何最終還是會有頓挫的時候，而這樣的作業有助他們先作準備。所有的行動性作業都要求受助者做一些直接針對問題的事情，這樣做就帶來一種能以駕馭的感覺，因為受助者完成了一些具體的事情。

弔詭性的家課

弔詭性的家課是為回應受助者對改變的抗拒。人們有時候對他們最想要的東西產生抗拒。牧職人員不是與問題搏鬥，而是與受助者一起對問題的症狀稍作更改，使得這些症狀失去它們的力量。希利（Haley 1976, 52）按著被用來向受助者說明家課的形式，把家課分為兩個類目，就是：「（1）告訴人們要做甚麼，而治療師是期望他們做到的；及（2）告訴人們要做甚麼，而治療師是**不**期望他們去做的——因治療師想要藉著他們的反叛讓他們得著改變。」希利的第二組家課（治療師有時候稱之為弔詭性的家課）是這類家課的焦點。

就某種意義來說，每個問題都有弔詭的成分。例如，試著要做到與個人的現今狀況相衝的一些事情，就是弔詭性的。一個具體的例子是：叫一個緊張的人放鬆。不可能！一個人愈是試著要放鬆，他或她就變得愈是緊張。對於失眠的人來說，也是一樣。他或她愈是努力要入睡，天花板上的裂縫和建築物內的聲音就變得愈明顯。一個弔詭性的作業是吩咐失眠的人保持清醒。牧職人員實際上是以受助者本身的症狀開處方（Watzlawick et al. 1974）。當失眠的人努力要保持清醒的時候，他們就不再有意識地用意志力使自己入睡，結果他們往往就能夠入睡。

最好的家課常常是建議受助者去做一些他們已在做著的事情，只要稍稍改動一下它的結構。這叫為症狀開處方（symptom prescription，見第四章）。吩咐大多數時間都在爭吵的夫婦去爭吵——不過只在某些特定的時間。正如希利（Haley 1976, 71）指出：「人們不喜歡因為有人吩咐他們爭吵就爭吵起來，或者使自己變得愁苦。」弔詭性的作業經常利用人們這種天然的反叛性。

一位結了婚十四次的女士不想把她以往所有的婚姻都告訴她現任的丈夫。當心理治療師艾力遜問她：「難道你不認為你應該把你還沒有向他透露的其他婚姻都告訴他嗎？」她的答案是否定的。接著艾力遜說：「好，那是你的答案，**你要堅持它**。」那位女士不喜歡遵守命令，於是告訴了丈夫。艾力遜相信，「在他們快要抗拒的時候，你應該鼓勵他們抗拒」（Haley 1973, 234）。

對於那些一面對求職就業感到無能為力的受助者，可以吩咐他們申請一些他們不想要的工作，然後他們可以故意取消面試。我曾經向某位女士建議這個策略，她向一間汽車零件公司申請做送貨司機，她故意給人一個很差的印象，但最後還是請了她。她覺得很有趣，於是暫時接受了那份工作，直到她找到她想要的工作為止。後來她很享受它，結果一直做下去。

對一個害怕約會遭拒絕的男士，可以給他一個作業，就是在下次面談之前，故意被人拒絕兩次。這樣的作業可以掀起強烈的感覺，但制訂這作業是為了「質疑對固守傳統的迫切需要」和「幫助受助者評估他們的預測的準確性，這預測是他們就著世界會如何對他們作出反應而做的」（Walen et al. 1980, 226）。

弔詭性的作業是一個強力有效的家課種類，但是要制訂它們就需要相當的專門技巧。第四章特別處理弔詭性策略這個題目，並會討論牧職人員可用的好些弔詭性的作業。

家課在牧養輔導上是重要的，對短期輔導來說尤其重要。它們把面談的影響擴展到生活的其他層面；它們藉著幫助受助者學會新的技巧和更有效地發揮功能的方法，積極地讓受助者參與處理自己的問題；它們把那些真正想要改變的人（就如乃縵）和那些只是裝作想要改變的人作出區分。

3 聚焦於結果

所有輔導的最終目的都是**行動**，這行動讓受助者得以處理問題：做一個決定、接受一項損失、學習一種新的技巧、找一份工作、在信仰上成長、深化一段關係，或其他有益的結果。經過考慮的行動和決定性的行動帶來成長。在短期牧養輔導裏，對行動的需要幾乎是刻不容緩的。

受助者普遍願意投放於輔導過程上的時間是有限的，所以，行動需要指向他們日常生活中一些具體、可辨識的範疇。大多數的輔導，不論短期的或長期的，都用得上處理問題的方法，只是它以不同的形式出現。短期牧養輔導所提供的關顧，其中心點是解決問題。因此，處理問題是本章的焦點。牧職人員可以在輔導中使用處理問題的技巧，又把它們教導受助者，作為他們應付眼前和未來的問題的方法。

祖（Joe Hernandez）和蓮達（Linda Hernandez）是

夫婦，彼此關愛對方，但在過去的四、五年間，他們感到愈來愈難與對方溝通。他們察覺這個問題，對針對問題的建議抱開放態度。他們甚至參加了一個由教會贊助的美滿婚姻研討會。研討會在一個處於鄉村的退修中心舉行，室內有火爐，周圍是松樹，旁邊有一條多石的小溪，那是一次令人振奮的經驗。他們學會了一套具體的溝通技巧，那幫助他們表達得清楚，幫助他們明白對方，因此讓他們婚姻中一個主要的問題得到紓緩。

可是，當他們從山上下來之後，蓮達和祖有一個令人不安的發現：雖然他們在溝通上已有改善，能夠清楚地告訴對方，希望看見他們的關係有甚麼轉變，但是在協調彼此的差異上，還是沒有甚麼進展。問題仍在那裏——他們現在所能作的一切，就是在有關問題的溝通上，比以前進步。

知道有關一個問題的事情，但無法處理問題，是短期牧養輔導，特別在觸覺比較敏銳、較有洞見的人中間一個常見的困難。對於像他們這樣的人，教他們處理問題的方法通常都有幫助。祖和蓮達是幸運的，因他們的牧者在處理問題的方法上有豐富的知識和經驗，能夠教導他們有關解決問題的事情，致令他們能夠親自為彼此的差異取得協議，並發現解決的方案。在輔導中教夫婦們處理問題的技巧，使得基本上是健全的婚姻免在挫敗中陷入停滯不前的景況。就像鬆弛技巧和溝通技巧那樣，處理問題的技巧對個人和夫婦的日常生活大有裨益。

要在某些職業上達至成功，就需要培養處理問題的技巧。比方說，律師和生意人常常是處理問題的專家，因為他們能快速和理智地解決問題。很多人——包括若干輔導員和牧者——在這方面都沒有一套有系統的技巧。特別是為了他們，我會概述以下處理問題的五個步驟，這五個步驟我稱之為「恩典」模式（GRACE method）；我發現這個模式在我所實踐的牧養關顧和短期輔導上是奏效的。「恩典」（GRACE）是五個步驟的首個字母：

Goals	目標
Resources	資源
Alternatives	選擇
Commitment to action	下定決心採取行動
Evaluation	評估

即使我們不嘗試去強調這個頭字語，其信息的適切性也是令人驚訝的：正視和應付我們的問題，是在問題得到矯正之前、期間和之後在確信上帝的臨在、祂的愛和幫助之下而做的。「我的恩典夠你用的，因為我的能力是在人的軟弱上顯得完全。」（林後十二9）

目標

處理問題的第一步，是把輔導的焦點從負面的問題轉化成為正面的解決方案和目標。神奇問題（見第二章）或使受助者對未來有一個新願景的問題（見第一章）可以有助產生這種轉化。這些問題讓受助者把他們的視線從困難移開，而看見他們的生活可以以怎樣具體的方式變得不同。為他們的難題尋找例外的情況，也可以幫助受助者找到一個方向——不是一個全新的方向，而是去判斷，甚麼是對於他們來說奏效的做法，並下定決心更進一步。

目標至少有七項要素（Berg 1991）：

- 目標必須是受助者認為重要的。
- 目標應該以具體明確的措詞和有關行為的語句來描述所渴望取得的改變。所制訂的目標必須使成功成為可量度的。
- 最好保持在很小的目標上——不是「上大學，然後畢業」，而是「列出一張清單，排列出五個可能參加的大學課程。」
- 目標需要被描述為是尋求改變的一個新願景的早期發展。在短期牧養輔導中，牧職人員的意向是把受助者帶到正軌的起點上，然後站在一旁。一旦引發了改變，輔導者就一路上隨時以教會的其他牧養環節——崇拜、團契、屬靈導引、服務——來繼續支持並鼓勵受助者走下去。
- 目標必須是合乎現實的、可以在一個短小的時間框架內做到的。

- 目標應該描述在問題之外某些東西的存在，而不是某些東西的不存在。因此，對於那對說他們總是在爭吵，想要停止爭吵的夫婦來說，目標可以是：他們去看電影、在家裏分擔家務，諸如此類。目標不應該是簡單地列出「停止爭吵」而已。
- 目標對受助者來說意味著相當的努力，雖然它們在助人者看來並不一定難以達到。所以，必須告訴受助者要準備下一番苦工來達到目標。

例如：假設某個家庭的問題，是當夫婦二人的最後一個女兒嫁了給一個空軍機師，與丈夫雙雙遷到別國居住以後，家中出現了空巢的情況。這對夫婦的目標是要填補一個空缺，因為他們的家現在變成了空巢，為人父母的，只能在千里迢迢之外給孩子們必須的照顧。一個明確的目標可以是：著手搜羅有關開設郵購服務的資料，因為這對夫婦談論郵購生意已有多年，可一直以來似乎並沒有時間去開展。儘管這個日標聽來簡單，它包含了上述的七項要素，而且有很高的機會成功地讓這對夫婦得著他們所尋索的意義。

資源

下一步是：羅列出邁向目標期間可利用的內在和外在的資源。內在的資源包括了個人的長處和技巧、應對方法，以及過去在解決問題上的成功經驗。每個人都在人生中經歷過困難的處境，成功地克服了其中的許多困境。如果一個人說他幾乎沒有（或一點也沒有）成功的經驗，那麼牧職人員可以分享他自身的經驗。這樣的分享可以激發別人想起他們自身的經驗。

外在的資源見於人們的環境：教會、社區組織和機構、家人和朋友、學校、金錢和資產，諸如此類。這些資源在人們應付困難的處境時，給予人們忠告、協助、精神上的支持和滿足。這份清單應該列明，可以如何使用個人的資源，以及如果動用它們時，會有甚麼困難出現。

方法選擇

在設定了目標和評估了資源以後，受助者和牧職人員可以無限制地自由構想種種可能達致解決方案的途徑。雙方一同列出所有的選擇——包括荒謬的和精采的。牧養關顧者可能需要率先開始建構或幫助受助者建構這份清單，好以實例向受助者（其思想可能一片混亂）說明，可能採取的行動有多少種。雖然如此，較好的做法是：大部分的主意都是來自受助者的。

然後，這經自由討論而產生的清單需要收窄，要把顯然不適宜的方法淘汰掉。因為達致相同目標的可以有多種行動，所以必須考慮到受助者嘗試要通過改變而達到的其他目標。在篩選各種可能採取的行動之時，還要顧及受助者的倫理觀和價值觀。

顧及受助者的倫理觀和價值觀，其重要性比很多助人者所察覺的來得更加重要。例如，一個在離婚中的受助者想要取得他四歲大的兒子的監護權，他的律師建議他去綁架他的兒子，因為「現實佔有，敗一勝九」（譯按：指佔有者在訴訟中總佔上風）。可是，這個建議在對待他的孩子上是跟他作為父親的價值觀相違的；他拒絕了律師的建議。受助者的工作計劃、家庭責任和財政也都可能影響或表達他的價值觀。

經過初步的篩選以後，接著就要衡量一下餘下來所可能採取的行動的有效性。牧職人員現在可以從自身的經驗和背景提供資料，以幫助受助者評估各種方法，在達到他們理想的目標上有多大的幫助。在若干情況之下，要解決一個困境，把兩個或以上的選擇組合起來，會是合適的處理手法，所以，不應該太快把任何一個想法剔除掉。把各個選擇列出來並加以篩選，是牧者和受助者共同的努力；雙方一起去選出，哪些是最有可能帶來果效的方法。當然，受助者應儘量主動和負責。

下定決心採取行動

當所開列的選擇清單收窄到幾個（或甚至一個）看來

有很大機會會成功的方法時，受助者需要下定決心，開始採取已選擇的行動。該行動可以（而且經常是應該）分成多個細小、具體和可以達到的步驟。

採取行動在處理問題上是不可或缺的，可是到了這個關頭，人們經常拒絕前進。他們可能會忘記了他們已經決定了的事情，變得太忙，又或，會害怕改變所帶來的影響。牧職人員需要用各種可能的方式，鼓勵受助者開始行動，因為惟有這樣，他們才能夠體驗到正面的改變，開始感覺好起來（見第二章）。如果受助者的抗拒在這個時候持續的話，那麼合宜的做法是轉介給一位心理治療師。

評估

在處理問題的過程中一個不斷進行的部分——一旦受助者主動採取具體行動，這部分就比較是有意識地進行的——是評估，或回顧與改良。判斷受助者為達到目標而作出的改變的效果如何，是一項不斷進行的工作。如果評估顯示有進步，就要鼓勵受助者繼續下去。如果回顧之下發現沒有進步，那麼就可能需要重新檢視或更改輔導的目標或達致目標的方法了。

目標（goals）、資源（resources）、選擇（alternatives）、下定決心採取行動（commitment to action）和評估（evaluation）：這包括五個步驟的「恩典」模式，本身

也需要有所改良。教導受助者處理問題的最佳方法，是幫助受助者分解他們所帶來的問題，然後就他們已經做了的事和他們已經取得的成就作出回顧。雖然牧者可以在辦公室或課室裏教導人們處理問題的技巧，但是最好的學習是藉著解決人們自身的問題來指導他們，讓他們從具體的經驗學習。在短期牧養輔導中，受助者不但為處理他們的問題而努力，他們還藉著牧者所使用的一套例如「恩典」模式的處理問題的方法，學會怎樣應付未來的問題。

第二部分

問題與介入方法

4 婚姻裏的難題與弔詭性的策略

西維亞·葛奈（Sylvia Gardner）充滿著罪疚，這足以叫她再次去找她的牧師。她照例唸出最近發生的一連串的罪，其中大部分都是看來微不足道的過失。她的鄰居先前為表示敬意，為她預備了一頓生日午餐，可她還沒有給對方寫好一張謝卡。她的叔叔在醫院時，她沒有探望他。在超級市場排隊的時候，她擠到另一個女人的前面。她問朋友借了一本書，之後遺失了。她在郵局跟那文員說話時態度粗魯。她忘了小姑的生日。她對上司懷有怒意。她以為自己生病了，其實她只是疲勞過度。她的牧師逐漸給西維亞搞得厭煩了，於是對她的「罪」一笑置之，並吩咐她不必憂慮。

西維亞三十七歲，嫁了給丈夫德恩（Dean）已有十五年，是十二歲大的一對孿生子的母親。當蓋德絲牧師（Reverend Carol Geddes）到她的教會履新的時候，西維亞覺得孤單；她肯定自己永不可能向一位女性的牧者透露她心底裏的祕密。可是西維亞被罪疚困擾，在情感上愈來愈與丈夫和孩子們疏遠。德恩最後勸她與蓋德絲牧師約個時間談談，牧師提議請德恩和她一起來。

二人才剛在舒適的椅子上坐下來，西維亞就照例開口唸出一連串的罪——現在已積存了一段時間。不過，蓋德絲牧師跟前任牧師所不同的，是她沒有小看西維亞的罪，她按照西維亞所表述的意義來對待它們，接納西維亞假定它們是罪的這個前提。不但如此——她更相信，除了西維亞所說出來的以外，還有別的事情。她說：「你看來是那麼充滿著罪疚，還有沒有別的令你困擾的罪疚，以及叫你難以啟齒的罪呢？」

西維亞和德恩二人都沒有料想到會有這麼一個回應。西維亞習慣了在德恩和其他主張她是無罪的人的面前，為自己的罪疚辯護。這個牧師呢，就要求她說更多。

西維亞停了一會兒，然後提到她已經和前任牧師說過的幾樣過失，但其實還是差不多。蓋德絲牧師在等。在像過了十分鐘的整整一分鐘的沉默以後，西維亞說了一個有關兩個女孩子的故事：西維亞和她最好的朋友阿莉（Allie），二人都是十三歲，曾經一起探索她們的性徵；她們的試驗包括了互相撫弄生殖器之類——西維亞稱之為「違反自然」和「罪無可恕」的。

西維亞從沒有把這些在性方面的童年探索告訴丈夫。德恩現在只是沒有反應地坐著，看來也不是那麼擔憂。她之前的牧師嘗試告訴她，在性方面的這些經驗是青春期的正常表現，而且，即使它們是罪的話，上帝也必定會寬恕她。西維亞卻沒有被説服，依然以為上帝永不能免除她的罪疚。

蓋德絲牧師認識到一點：即使只是溫柔地揭穿西維亞在性方面的信念，或太快強調上帝的赦免，而不認真地看待她的罪疚感，結果也不會有甚麼進展。這樣的策略，之前行之無效，現在也必定是不行的。蓋德絲牧師需要一個不同的入手方法。

她選擇了用易構（reframing）和為症狀開處方（symptom prescription）的弔詭性策略來回應這對夫婦所提出的難題。弔詭性的策略涵括了好些不同的介入方法，這些介入方法是最近數十年經多個心理治療學派的臨牀醫師（特別是那些實踐家庭治療的）或多或少個別獨立地發展出來的。

易構是兩種弔詭性策略之中，比較認知導向的一個，輔導員在其中按著表面的意義去接受受助者的問題（以及他們對問題所抱的信念）——不試著去為此爭辯，就如其他人很有可能做的（Bandler and Grinder 1979; Seltzer 1986; Watzlawick, Weakland, and Fisch 1974）。受助者的**框架**（frame），或他如何看現實，連同那使人困擾的感覺、思想或行為先為助人者所接受。之後，助人者才開始質疑受助者的現實其中使人困擾的地方，但也總是從受助者的框架之內去看。

所以，蓋德絲牧師沒有以復活神學之類來回應西維亞，雖然那會即時宣告西維亞獲得赦免，把她的罪疚感減至最低。她接受一點：西維亞在多方面犯了罪——甚至超過了她起初所說的——這導致她剖白那更深的，對她來說是「罪無可恕」的。至此，在談到青春期的性經驗不可寬恕的性質時，蓋德絲牧師開始質疑西維亞的信念，或框架。「西維亞，你說過作為一個基督徒，你的信仰對你來說是多麼的重要，」蓋德絲牧師說：「你又說，寬恕對每一個人來說是多麼的重要，你是多麼的想要和需要上帝的寬恕。但是，請告訴我，你為甚麼認為基督在十字架上為每一個人而死，但沒有為你而死？你有甚麼特別，以致你勝過祂的寬恕呢？」當他們談到上帝和寬恕的時候，西維亞開始質疑自己的框架。雖然她想談到有些罪是無可寬恕的，但當她說到她對神的認識時，她承認神的恩典涵蓋了人一切的行為——甚至她那些「不可寬恕」的舉動。

蓋牧師用來處理西維亞和德恩的個案的第二種弔詭性的策略，是為症狀開處方。症狀是受助者想要消除的有問題的行為或經驗。易構著眼於改變人們對事物的看法，而為症狀開處方就謀求在人們的行為上作出改變。要求或用處方指示受助者要保持他們的症狀，或早或遲，努力要保持症狀的結果卻是症狀消失了。

雖然德恩很關心他和西維亞的關係，情願陪她去見輔導員，但他的貢獻只限於點頭、微笑、拍拍西維亞的肩頭，作幾個單字的回應。蓋德絲牧師決定在處方中包括二人在內，藉此讓德恩參與積極的任務。

蓋德絲牧師吩咐西維亞和德恩，要每天選定某個為時一個鐘頭的時段，也許是晚飯以後趁孩子在做功課的時候，西維亞要把她的一切罪詳細地告訴德恩。她必須徹底地認罪，一點也沒有保留。德恩的責任不是要安撫或不理她，像他近年來習慣做的，而是要仔細地聆聽，留意她說的每一件事，甚至要加強她的懺悔，詢問她更多的詳情。還有，也要提出一些她可能會感到罪疚的其他事情——盡他可能想像得到的提出來。「在兩次面談之間，」蓋德絲牧師吩咐德恩，「你嘗試留意西維亞可能會感到罪疚的一切事情，你可以在第二天的認罪傾談中提出來。要做得透徹！」

過了才幾個晚上，西維亞就發現這個處方是一項麻煩的任務，她開始反對德恩所提出的更多的罪疚，甚至開始多少帶著憤慨地為自己的無辜辯護。

為甚麼使用弔詭性策略？

為甚麼我們給與受助者的直接的幫助不一定時常奏效？為甚麼我們好意的幫助，不論多麼美好，有時候也不見效？我們可以提出各式各樣的解釋，但是，當牧者向個別的人、夫婦和家庭提出一些忠告的時候，受助者有時候似乎是要盡一切可能去否定所提出的建議。就好像他們要一生一世擁抱著他們的症狀，雖然在口頭上他們會樂意去做任何為促成改變所需要做的事情。

受助者之所以不遵從直接的輔導介入，其中一個原因，是由於根本的人性。罪可見於種種形式，在輔導中它出現的其中一個形式是悲觀的反抗性（pessimistic negativism）——一種反叛性，彰顯於抗拒改變，不論人是多麼渴望有所改變。弔詭性的輔導策略回應了人類的這個本性，即抗拒他們最想得到的東西。助人者不是力圖對抗某些問題，而是順著問題走。牧者不是力圖去對付問題，而是與症狀攜手合作，對它們作出少許調校，好讓它們失去力量。

西維亞感到罪疚，那並不是一件壞事，但她正在把一個很重的罪疚的擔子放進一個一個盛載著瑣碎的罪的細小容器裏。她需要把她的罪疚與其源頭拉上關係。「實際地說，所有弔詭性的策略，其設計都是不積極駁斥那些頑固兼適應不良的反應的存在，並藉此來消除它們的。……藉著諷刺性地與不改變（nonchange）聯手合作，它們可以使受助者在態度上產生一種根本的轉移，為有建設性的——及自我引發的——改變清除路障」（Seltzer 1986, xii）。

弔詭性的策略用在牧養和大部分的心理治療學派上（Capps 1990; Seltzer 1986）。塞扎爾（Seltzer）發現有四十七個用來描述弔詭性策略的用語。我較喜歡採用的兩個獨特而基本的弔詭性策略是易構和處方法（prescription）。

框架和易構

高夫曼（Goffman 1974, 10）說，框架是有關處境的定義，是「按著支配事情的組織原則——至少社會性的原則——和我們在其中的主觀參與建構起來的。」說得簡單些，**框架**是我們看事情或狀況的方式，又是塑造我們各人的現實的準則。框架可以看作是我們拼合和詮釋資料和經驗的習慣方式。它們像是放置在我們經驗之上的承樑，好把意義賦予我們的經驗。即使是在相似的處境中，當這些承樑或框架改變了，那麼感覺、思想、行為和態度也隨之改變。

易構向我們提供一套有關經驗的不同的詮釋。助人者就相同的事情提出另一種看法。瓦茲拉威克等人（Watzlawick et al. 1974, 95）解釋說，易構「意思是改變觀念上和／或情感上的狀態或觀點（個人是憑藉它在某個處境中有所經驗），把它安放在另一個框架中（這框架跟這同一個具體處境的「事實」同樣配合或更加配合），由此改變了它的全部意義。

某件事的意義在乎經驗這件事的人的框架。假如助人者可以對某人的框架提出疑問（「你為甚麼認為基督在十字架上為每一個人而死，但沒有為你而死？你有甚麼特別？」），那麼該事的舊意義就逐漸消散，代之有新的意義（Bandler and Grinder 1979, 1）。一個人即使是對自己的框架的一個層面抱有最輕微的懷疑，而考慮另一種看待事情的方式，他或她就難以回到以前的觀點去。易構（重新建設框架）有助受助者尋見那在他們的前提之外的例外情況，這前提是他們的框架的基礎。當受助者一旦發現框架有漏洞，希望就會產生，因為受助者可以開始看見一個未來，是不受他們的問題所困擾的。

認知重構（cognitive restructuring）或會說服受助者放棄一些不合邏輯的或非理性的觀點，但易構就不一樣，它要求助人者採納受助者的看法。畢竟，人們都相信他們已有的框架。牧職人員起初應該贊同人們的框架（就西維亞的個案來說，就是為許多小過失感到罪疚），直至問題（無可寬恕的罪或表面看來無法接受寬恕）浮現為止。此後，在框架的基礎部分發現破口（也許是邏輯上的裂縫）。接下去的任務是讓受助者就這個破口作出反思；空間變寬了，人們對這處境有了新的曙光，由此產生醫治的可能。

最初把易構這介入方法用在受助者身上時，它的特性是令受助者驚訝、混亂或把他們嚇壞了的。譬如說，想像一下當輔導員把一對夫婦的口角標籤為「你們表達愛意的方式」時，該對夫婦可能有的反應。柏培（Papp 1980, 46）說，這樣的介入製造了一個「知覺上的轉捩點」，使一個家庭更難「藉著一個症狀來調節自己」，幫助它走向一個新的自我調節的方法。

如果得到家庭和好友的合作，易構這個手法就更有效力，而快速的改變也就更有可能達到。他們也需要接受受助者的框架（例如，西維亞為許多小罪過感到罪疚），不試圖從受助者的框架之外說服受助者。如果要成為受助者的幫助，他們還需要對新的框架（例如，基督的救贖是為每一個人、為一切的罪而作的）表示贊同。

處方法

二十世紀上半葉的牧養關顧所留給我們的遺產之一是處方法。這處方法與那肩負過多罪疚的婦人的個案所描述的，多少也是不同的類型。這些早期的處方建基於聖經或傳統。輔導員經常吩咐受助者讀一些經文，把經文放在心上。有時候，即使輔導員對受助者的處境沒有透徹的認識，對受助者個人的需要並不敏銳，他們也會給予受助者處方。

隨後，非直示性（nondirective）的牧養輔導幫助牧者對人們的處境更加敏銳，但是卻使處方的藝術失落了（Stone 1988, 23～25）。確實地說，很多牧者被教導，要避免為受助者作出決定，就連在制訂家課上也是一樣。既然有這麼一個背景，有些實踐短期牧養輔導的牧者就會在使用處方上感到不自在。如果他們認識這一點，他們的不自在就可以得到紓解：吩咐受助者做某些事情——大抵就如醫生開藥方或教師給予家課那樣——可以是幫助人們取得改變的有效方法。

其中一種最有用的處方類型是**以症狀本身**或其中的若干成分**作為處方**。這使得牧者和受助者獲得對症狀的控制權，從而最終可以把它改變。症狀不是偶然發生的；它們是巧妙地發展起來的，為要在家庭系統中實現某些目的。不論此刻它看來是多麼的異常，在過去的某個時間裏，這症狀對這個人、大有可能對整個家庭來說是行的。在家庭之內，那個

「被確認為病人」的人所展現的症狀，是得到家庭成員的共謀之類而繼續存在的。塞扎爾（Seltzer 1986, 98）這樣說：

> 那實際上可以被確認為某家庭的症狀的東西，可以被視為該家庭的抗拒所使用的主要工具。在治療上使症狀持續的主要作用，是讓它使整個家庭對治療師作出控制。家庭中適應不良的行為，是由於某些相互作用而被固定下來，整個家庭藉著固守這些相互作用，就可以方便地把治療師促進改變的潛力奪去。

家庭使症狀得到滋養。對改變的抗拒是大的，也可以是詭詐的。因為有很多人在輔導中好像迫不得已地對助人者的大部分建議提出反對，所以其中一個最有用的方法是以他們症狀性的行為作為處方。

以症狀處方可以有多種形式。在某些個案裏，受助者應該照著現存的症狀的樣子去實踐它。在別的時候，牧職人員可以要求受助者把症狀誇大，又或，在如何實踐症狀上作出少許改變。在所有的情況下，助人者都獲得了問題症狀的控制權，這問題症狀先前看來是不受受助者所支配的；實踐該項有問題的行為就是通往改變的路徑。很多人不喜歡別人吩咐他們要做甚麼——甚至是他們已在做著的事！套用艾力遜的話：「其概念是：不論該習慣〔症狀〕是甚麼，要從中引出一項費勁的任務來——你把一個壞習

慣變成一種極大的不便，以致〔受助者〕願意放棄它」。（Rossi, Ryan and Sharp 1983, 264）

助人者憑想像力可以想出一些具創意的處方。我其中一位牧養輔導的指導員提議我用一個症狀處方，它頗奇異，但某對夫婦用起來的效果意外地好；在此之後，也曾多次派上用場。（警告：它對於怯懦的人或有虐待問題的夫婦不適用。）一對夫婦前來尋求輔導，因為他們經常激烈地吵架，甚至大叫大嚷。給他們的處方很簡單：每當爭吵升級為一場戰爭時，他們要脱去所有的衣服，用報紙摺疊成刀劍，全身赤裸地繼續他們的爭吵。給他們的處方不是停止爭吵，而是稍稍改變他們爭吵的方式。從那次開始，得到我派定的這項作業的夫婦之中，沒有一對能夠在脱光衣服之後還能繼續吵下去的。大部分到最後是大笑一場。可以説，我沒有幫助他們解決那些導致他們爭吵的問題，但是我給他們一個小小的呼吸的空間，一個機會，讓他們對自身的處境有一種不同的看法（從另一個框架來看它）——而這就是邁向解決問題的一大步。還有無數的處方，大部分是沒有那麼古怪的，牧者可以用來幫助人易構他們的處境（見下文**症狀修正**）。

弔詭性介入

除了上述的例子，弔詭性策略還可以以許多種形式實行。有的著重改變人們的想法，以易構為基礎；有的吩咐人們做出他們的部分症狀，以為症狀開處方為基礎；有的則兩者兼用到一個程度，不能歸類為其中的一種。一般來說，當對受助者使用弔詭性策略時，最好兼用易構和處方法兩個方法。以下是特別適合牧養使用的輔導方法的樣本，它會讓讀者體味到弔詭性策略所帶來的種種可能。

症狀修正

艾力遜曾經治療過一個在青春期仍在吸吮拇指的少女（Haley 1973, 197）。艾力遜並沒有以可以預計的制止物作為處方——這些制止物早已經用過，證明是不行的。反倒是，他吩咐該少女每天晚上在父親面前吸吮她的拇指二十分鐘，然後在母親面前吸吮拇指二十分鐘。她要盡可能以一種具侵略性的、嘈吵的方式進行。她的父母要完全不理會她，不要讓吸吮拇指的行動擾亂他們的心情，也不要評論她的行動。艾力遜沒有像許多在他以前的人那樣，使她停止吸吮拇指，倒是把她吸吮拇指的習慣加以修正。她應該繼續吸吮拇指，只是要照著所指示的方式進行：分別在父親和母親面前，在規定的時間內。一旦症狀被改變成為一種責任，大部分的孩子很快就厭倦了。不再是「被禁止的享受」，也不再是用來對抗父母的武器；症狀失去了它的吸引力，就如吸吮拇指對艾力遜的年輕受助者失去吸引力一樣。

症狀修正（symptom modification）是為症狀開處方

的其中一個形式，在其中有問題的行為要以稍微更改了的方式進行。譬如說，它進行的時間或地點是可以更改的。塞扎爾（Seltzer 1986, 118）說「症狀性的行為結果所產生的破裂，無論如何微小，總會有累積起來的效果，就好像從一幢建築物的根基部分挪去一根柱子一樣。」它啟動了一種改變，讓受助者更接近他們改變或控制問題的能力。

還有，如果受助者在助人者的吩咐之下，被激勵去在任何一方面改變他們的症狀，那麼他們就較可能賦予助人者一種權力，就是以其他方式改變他們的症狀。受助者藉著遵從牧職人員有關修正症狀的指示，養成一個習慣，就是贊同助人者的建議。這樣的順從或「凡是一傾向」，預備好了讓牧者作進一步的要求，即要求受助者做一些額外的任務，好帶來想望中的改變。

幾年前，一個將近六十歲的提早退休人士斐爾（Phil）向牧師尋求幫助。因服藥的關係，斐爾失去了控制矢氣（即放屁）的能力。他是一個有禮貌有教養的人，凡是有可能令人覺察到他的這種失調的場合，他都避免去。隨著時間過去，他停止參加大部分他本來享受的會社和社交活動。舊朋友不明白他所以退出的理由，以為他變得不喜歡社交了。

曾以多種短期牧養輔導方法（包括了症狀修正）來處理斐爾害怕在公眾場所矢氣的這個問題。斐爾第一次聽到症狀處方的概念時，他感到厭惡（「那可有甚麼益處？」他問），但是，在經過勸導之下，他同意嘗試一下。他的作業是要參加教會的幾個聚會和場合，並**想望**自己會矢氣——無論如何他總會自然地矢氣的。事實上，他是要增加矢氣的次數。他確認這句據説是出自富蘭克林（Benjamin Franklin）的名言：「自豪地放屁。」

症狀修正有消除斐爾的恐懼的效果。他過去曾經因在公眾場合矢氣而失去活力，但當他的目標是要做到這一件事時，他就不必再為此而憂慮了。在斐爾的個案裏，症狀修正減少了他的恐懼，足以讓他重新進到人羣中。症狀修正當然沒有停止他矢氣的問題；它只是改變了他的框架——和他憂慮的程度。

症狀修正這個方法，顯然不是適用於每一個短期牧養輔導的處境。它對於那些不太拘謹而敢於自嘲的人最為有效，而助人者也得相信它的有效性。沒有可用來試驗的時間；如果受助者要對它的有效性有信心的話，提出任何形式的症狀處方都需要一些勇氣和膽量。

混淆法

艾力遜發現，如果他説了一句受助者覺得難以明白或令人困惑的話，當他們要求精確或清晰的時候，他就能夠使他們的抗拒轉向。如果把一些令人困惑的充滿學究味道的句子，與一些清晰的句子並列一起，他發現受助者會比較熱中於贊同那比較清晰的句子——也許是出於因為不明白另一類句子而產生的尷尬，或因而覺得釋懷。就這個方法來説，在進行一項重要的介入以先，有輔導員故意説出的一些令人混亂的字句。它以含糊的句子充斥受助者理性的思維，常常使他們更正面地傾向於接受助人者較明晰的建議。混淆法（confusion）和催眠術有若干相似的地方，它繞過那妨礙人們的有意識的信念，讓他們得以考慮一些他們本來會立即丟棄的見解。

比方說，混淆法可用來贏取受助者的同意，讓他或她願意把配偶帶來進行婚姻輔導。已婚者提出無數的藉口，解釋他們的配偶為甚麼不會或不能出席輔導。當輔導員首先提出在婚姻輔導中需要另一方的參與時，在抗拒還沒有形成之前，可以先說一些令人混淆或不鮮明的、有關人性的句子，然後提出邀請他或她的配偶前來的建議。譬如，牧者可以說以下的話：

> 我們的宗教信仰是建基於一些把苦難與希望聯合起來的原則，那導致我們在基督裏和在大地上看見一種聯合而聚在一起的力量；這聯合是所有人所尋求的，大抵就如婚姻的聯合，當爭吵和恩典臨到我們。〔稍停〕所以，我相信，重要的是，你的妻子要來成為輔導的一部分，而我就會計劃在下次我們見面的時候，把她也包括在內。

很多受助者因為兩類句子的清晰度迴然不同而感到驚愕。他們會覺得，考慮邀請配偶來參加是比較輕鬆容易的事。由於渴想停止被新的框架（令人混淆的句子）所困惑，受助者就抓住緊接下來可被理解的零星資訊（下次請你的妻子來）。

這在現實生活中經常發生。一位朋友最近告訴我，他需要坐火車從英國的劍橋出發，取道倫敦與格拉斯哥，到一個人迹罕至的蘇格蘭小島。旅程分為至少六段。當他在早上六時三十分到達格拉斯哥時，他在從倫敦開的火車上已坐了一整夜，他需要探索到另一個火車站的路，過程中還得吃點早餐。他找著一家開了門的餐廳。當他從菜單上點菜的時候，女侍者用一種他不懂的口音作出冗長的回答。他請她重複一次，他還是聽不懂。最後，他聽出了「第三號」和「快點」兩個字。他鬆了一口氣，改口要第三號早餐，也不曉得那是甚麼，總之有東西吃就感恩了。

當受助者需要在輔導中盡更多的本分，或成就他們自己的解決問題的方法的時候，混淆法也是適用的方法之一。多年以前，一位牧養輔導員曾在我身上頗成功地用過這個方法。我當時並不明白，直到多年以後，方才領悟。他會跟我說：「你是說……」，然後結結巴巴地支吾一番，最後我會按捺不住替他解圍，完成他的句子。我確信，在某些時候，他是故意歪曲或搞亂了我正在說的話，好讓我替他更正並更深入地談到我在說的事情，那就是他的目的——他在純熟地運用混淆法。

牧職人員受訓作為輔導員的時候，是受訓去在輔導的過程中說出愈發清晰的句子，所以在起初的時候，要接受混淆法是困難的。但是，請考慮用它。對於適合的個案，它可以是一件具誘導性的短期牧養輔導的工具。我不單是輔導員，也是受助者，我是從這兩個身分的個人經驗認識到這一點的。

請說服我你應該改變

牧者經常遇到一類輕微抑鬱、被動，而且可能是超重的人，他可以列出自己已嘗試作出改變的一千種方法，但沒有一種是成功的。仙迪亞（Cynthia）就是這樣的一種人。她的孩子已經中學畢業，離家上大學和找工作。她輕微抑鬱，超重四十磅，她說她需要作出一些改變，譬如重返校園或找一份工作，可是她有阻力，她可以列出一切妨礙這些轉變發生的理由。

很多次，仙迪亞跟人說她跟我說過的話——就是她需要在生命中做些有用的事情，因為她的孩子們現在都不在家，而且她應該為健康的緣故實行減肥。朋友和家人都支持她想要有這些改變的願望。

仙迪亞在接受輔導時表示，她想先做點甚麼來控制她的體重，好讓她在求職的時候看來好看些。我曉得她已經嘗試多次節食，而她也可以解釋為甚麼她沒有一次成功。我趁她不提防，問道：「你為甚麼應該減肥？」我解釋說，大約百分之九十五減肥的人都會回復體重，故此那大有可能不會成功。我告訴她，我想到她會再次失敗就感到厭惡，又說她也許應該重新考慮要努力減肥的這個念頭。

仙迪亞頓時呆了，她不知道她的牧者説她應該重新考慮是否要減肥的這句話的意思。她忍住呼吸，説：「嗯，我想你是對的，不過……」接著嘗試説服我，為甚麼她真的應該去減肥，而參加暴食者匿名戒癮會又怎麼能給她帶來她所需要的羣體支持。我存疑地聽著，一面嘗試指出可能使她的想法行不通的種種理由。她就更加努力地要證明給我看它們是如何地可行。最後，我説：「我認為我不能贊同你減肥的建議，除非你先花上一個禮拜的時間來考慮它。」

不消説，過了一個禮拜，她再來的時候宣佈，她將要處理她吃得過量的問題；而且在之前的一個晚上，她第一次參加了暴食者匿名戒癮會的聚會。她的框架被翻轉了。之前，她擅於找種種理由來解釋她為甚麼不能改變；現在，她嘗試去説服我，她是有能力作出這些改變的。她體重減輕了，重返校園，取得最新的教學證書，現在當教師。仙迪亞也許有時候會想，為甚麼我沒有對她的目標表示更大的支持呢，但是，她達到了她的心願，而且感覺滿意。

這個技巧向受助者發出挑戰，要他們説服牧者他們是有改變的動機的，而不是反過來要牧者説服受助者。它解除受助者的防衛。牧者贊同他們的防衛，同意改變是不可能的（即使他們大聲説，他們想要有改變），因而改變了整個遊戲藍圖。驚喜的成分是在牧者那一方。這個方法對於那些改變來得遲緩的處境最能發揮果效。一旦改變發生了，不要為此給予讚賞或表現得太歡喜，反倒要繼續輕微地被受助者在行為上的轉變所挫折。不要為改變獲取或接受任何功勞；説到底，受助者即使是在這樣的「懷疑論」之下還是改變了。

這種弔詭性的介入方法還可以以另外兩個方式使用（Capps 1990, 37）。第一，向受助者提出，改變是一個非常慢的過程，在眼前的一刻，他們應該做的只是想到它。這可以使那些防衛自己，不肯接受改變的人產生動力。第二，藉著詢問這個問題，把受助者可能作出改變的任何看法都當作是難以置信的：「你究竟怎麼認為你可以做得到呢？」或是假設他們是無法作出改變的，或是口頭上說出這一點懷疑：為甚麼他們會願意考慮作出改變。這個弔詭性的策略是短期牧養輔導一種很好的介入方法，因為它推動人們改變；它讓人迅速地作出改變，跨越那妨礙改變的阻力。

減少反省法

有些受助者只會花極少的時間或根本不花時間去思想自己的處境，在他們的生活中，差不多是沒有反省的，這使牧者和輔導員感到苦惱。對比之下，有些受助者則反省太多，他們無休止地仔細思想自己的處境，甚至被它纏住。

減少反省法（dereflection）是一種技巧，它要求這樣的人減少思想自己的處境，那會讓他們有時間去進行更有益的思考。輔導員指示受助者，每當他們發覺自己在沉思自己的問題時，他們就要轉換思想，想到一些能對他們的生活產生益處的積極活動，並從中選擇做其中的一項。

他們要有目的地改變他們的思考，做一些更有建設性的東西。（就是眾人皆曉的冷水浴，若是確實地實行起來，也是一種用來對抗在性方面的強迫性思想的減少反省法。）減少反省法不同於只跟友人說要強調積極的一面，專家們探索研究不同的減少反省思想和活動，又進行實驗，直到發現一些有果效的思想或活動為止。

有的時候，減少反省法可以是輔導員給予受助者的處方；有的時候，受助者憑著嘗試和錯誤，發現那會代替他們的沉思的思想和活動。減少反省法有助他們解開強迫性反省的捆綁，使他們的思想、時間和精力轉向更有果效的解決辦法。（對於有強迫性思想的人，其他有用的介入方法見第八章。）

擺低姿態法

兒女正在青少年期的人要學的重要一課是，父母對於青少年所作的事簡直沒有控制權。父母可以跟他們理論，誘哄、哄騙、懇求他們，向他們發出最後通牒，但在青少年期的兒女還是可以選擇抗拒這一切。擺低姿態法（benevolent sabotage，參Watzlawick, Weakland and Fisch 1974）是一個專為這樣的處境而設的弔詭性策略。在其中父母說出他們對兒女的期望，但接著坦白地承認，如果該名正在青少年期的兒女不服從的話，他們也無可奈何：「提摩太（Timothy），我不想你趁我們不在的時候，邀請你的女友在放學後到我們的家裏來，但如果你決定要這樣做的話，我們也無可奈何。」

當制裁再也不管用，父母變得沮喪的時候，就適宜用擺低姿態法。它要求父母愉快地運用它，要帶著坦率的面容，不要有譏諷或怨恨的表現，只要說出這明顯的事實：「我們知道我們是不能強迫你做這個的。」

互茲拉威克等人指出，這個技巧可以由承認無能擴大至一些主動的措施。當青少年子女到了該回家的時候還未回來，父母可以把門鎖上，然後上牀睡覺。當孩子回來了，父母給他們開門，帶著睡意為把他們困在門外表示抱歉。沒有長篇大論或互相責備。父母要不要接受這些較主動的措施，在乎牧者建議它們時會感到有多自在，以及在乎父母本身的感覺力。

擺低姿態法適用於那些不收拾房間、不準時回家、逃學或不用功讀書或不小心交朋結友，或一般來說不服從父母的青少年。他們的框架被改變了，因為再沒有反叛或鬥爭的對象；他們不能跟已經宣佈投降的人角力。結果是：青少年人常常變得比較願意合作。在父母來說，他們的框架也改變了；他們不再需要為他們所訂的規矩遭違反了而感到挫敗，因為他們現實地認識到一點，這些規矩是不能執行的。

再標籤法

人們把自己和別人貼上標籤，然後按著這些標籤過活。標籤決定了人們對自己的感覺如何，改變的可能有多大。譬如說，一個被標籤為「懶惰」的人，改變的機會就不如一個被形容為「擁有很多恩賜，只需要善加利用」的人那麼大。這些標籤來自不同的框架，前者幾乎沒有提供成長的機會，而後者則提供了一些盼望。

負面的標籤使人不振，關係可以因此而停滯不前。有的時候，牧者對於幫助一段婚姻所能做的最重要的一件事，就是協助夫妻雙方重新標籤他們的關係的主要特徵。再標籤法（relabeling）在某事被判斷的參照框架內引發改變；於是，雖然環境沒有真正的改變，但所給予某事的意義或價值就被改變過來了。

舉例說，如果丈夫對妻子的看法——「對於她的職業是那麼的著緊，以致從來都不能放鬆，享受一下事物」——可以轉變為「她對顧客的那份專注，一如她對家庭所表現的關切」，那麼，張力就可以化解。同樣，如果看丈夫「是個工作狂，從來不花時間跟我們在一起」的妻子，可以把他長時間工作的表現再標籤為「對工作投入，關心家人有舒適安穩的生活」，那麼她就有一個較穩妥的基礎，讓夫妻的關係得以有轉機。

在使用再標籤法時，為某人或某種關係的一些特徵提出一個新的名字；抑鬱變成悲傷，怒氣變為傷害，家庭成員的任何一個症狀，都被理解為是他或她在為家庭做著的一些積極的事情。新的標籤跟舊的標籤一樣能準確地（或更準確地）描繪家人的特徵，從一個更正面的觀點來看它。那不是糖衣——舊的標籤帶有過分負面的意味，新的標籤就有一種比較現實和正面的意味。再標籤法把相關的處境易構，表達了改變是有可能的。

上述的弔詭性策略能夠幫助受困擾的人對處境有一個不同的看法，有新的行動方式。大部分助人者會在這些方法中找著一兩個，是能夠與他們本身的短期輔導事工配合的。有些助人者會感到使用這些技巧並不自在；它們肯定是跟傳統、非直示性的牧養輔導技巧迥然不同的。有的則會認為，弔詭性的輔導方法比本書所述的其他方法高深。儘管如此，弔詭性的策略比其他很多方法都更迅速地幫助很多人達到他們的目標，也比非直示性的手法快。甘東農（Capps 1990, 50）主張，這些策略

> 是設計來制勝那些導致痛苦和不適的官能失調，讓受助者那些具創造力的精力得以浮現的。這些技巧之所以有效，正正是因為治療師尊重受助者，把每一個都看作是一個獨特和特別的個體。耶穌制勝惡鬼，正因為他深深尊重那些受惡鬼操控的人。

上述的短期牧養輔導的介入方法，其設計的目的是為了受助者的好處，幫助他們達到那最初促使他們前來接受輔導的個人目標。既然如此，弔詭性策略就是一個與其他的牧養輔導方法相輔相成的一個好方法。

5 有關親職的議題與強化方法

做父母難。養育兒女似乎從來都是在計劃之外——並且肯定是跟許多論親職的書本所寫的不一樣。手抱的小寶寶長大成為吵鬧、到處爬行、會咬兄弟姊妹、為牆壁加上裝飾、蹣跚學步的淘氣娃娃。收拾書包上學的孩子從喜愛動作人物、芭比娃娃和汽車模型，長大到喜愛搖滾樂和留意異性。接下來的青少年期肯定是考驗許多講求遵守規矩的父母的耐性的。

很多時候，父母遇到處理不來的事就呼求牧者作出裁判。牧者所回應的短期牧養輔導個案之中，有一半以上是有關婚姻或家庭的議題的，而大部分的難題都屬於不容易解決的一類。一個家庭通常要等到情況變得絕望時才尋求輔導。有很多次，我發覺自己在想，是甚麼促使眾多的家庭在前來尋求協助之前，忍痛那麼久。難道他們不知道，如果他們早些前來的話，問題會是容易解決得多嗎？在一個心情不佳的日子，我想舉起雙手，告訴他們到別處尋求輔導去，或由他們自己去解決他們的問題，或請他們快快長大。以家庭為對象的事工雖然是那麼叫人感到挫敗、那麼艱難，但它仍是牧者被召去盡的本分的一部分。

整全的進路

在處理有關父母與兒女的難題上，最重要的一件事，是幫助父母認識並看重兒女的無限價值。若不了解並欣賞兒女的價值，兒女就常常會變成和問題一樣，是有礙父母實現自己的熱望的東西。

雖然本章的焦點是強化的原則（reinforcement principles）—— 鞏固並維持所想要的行為，或弱化並停止不想要的行為 —— 但是在處理有關兒女的問題上，還有另外兩種顯然是有幫助的方法：溝通訓練和系統理論。這兩個方法為強化方法的使用提供了良好的背景。三者共用，就構成了輔導孩子和父母的一條整全進路。

據一份報章的一篇文章報導，一項最近的研究發現，父母每天跟孩子們談話的時間平均是十五分鐘，其中的十四分鐘是給予命令！對於簡直沒有時間跟孩子談話的父母來說，一些教導父母如何更有效地跟孩子**溝通**的課程對他們尤其有益。像湯馬斯高登（Thomas Gordon 1970）等人所寫的有關有效親職訓練的著作，對於教導父母聆聽和重視孩子的話特別有用。湯馬斯高登等人幫助父母向孩子們表達同感和聆聽他們，而不是只是告訴他們，他們應該作甚麼。眾多教會和輔導員設計了不少的溝通課程，這些課程通常是在一些專為父母而設的課堂上教授的，它們可以作為良好的預防性牧養關顧的基礎。相同的方法也可以在輔導面談時教導父母，並以它們作為在家中使用強化方法的基礎。

輔導理論所説的**系統**，是作為一個整體去發揮作用的一羣個體。**系統導向的婚姻和家庭輔導**強調家庭之內各樣活動和事件的相互關聯性；父親向母親所做的事、所説的話，不但影響他們二人的婚姻關係，也影響兒女和父母的關係。人和問題都不是獨立存在的，它們（他們）都是較大的系統的一部分。家中每個成員在靈性、精神、情緒、生理和人際上的作用都是跟其他所有的成員有著複雜的關係的；發生在一個成員身上的事像波浪一樣傳遍整個系統（Clinebell 1984; Haley 1976）。

系統理論假定：問題是在某個時間內整個家庭適應環境中所發生的事的方式。導致家庭中的某個成員前來求助的問題，被視為是整個家庭對生活中的事情適應不良的症狀。因為家庭傾向於重複自己的方式，所以，某個家庭對一個處境的適應，會跟這個家庭的上一代及之前的人對類似處境所產生的反應相似。

例如，當父母帶著一個有問題的孩子來接受輔導時，牧者經常會發現，除了孩子的問題之外，父母的婚姻關係也有著迫切的問題。如果這樣的婚姻以及整個家庭開始有更為人所接受的運作方式，那麼，那些原本被歸因於孩子的許多症狀看來都奇迹般消失。

強化原則有的時候被不當地視為機械化或消極性的操控，但是，如果在使用它們的時候能夠兼顧溝通訓練和系統理論，並同時敏銳地顧及孩子的權利與價值的話，它們是可以為對孩子們進行的短期牧養輔導，提供一個有效的整全進路的。

行為改變的原則

強化原則是幫助父母協助兒女改變討厭的行為的方法之一。有時候父母管教的方式是大叫大嚷、痛罵或恐嚇。有時候父母會不理會問題，直到再也不能忽視它為止。還有的時候，父母在兒女表現「差勁」的時候當場逮住他們，而沒察覺到孩子是多麼經常地表現出正當的行為。

以下是有關強化理論的原則，以及一些具體的實踐方法，以幫助兒童改變一些令人煩擾的問題。像上文所述的溝通技巧那樣，輔導員可以在親職課程中教導這些原則，又或，在輔導面談時按個別的家庭作出適當的剪裁。就短期牧養輔導來說，給父母上課是特別有益的，因為成功的強化方法一般來說要求超過牧養輔導通常所需要的兩三次面談——事實上，需要差不多十次面談，即短期牧養輔導的上限。安排父母在教會或社區的教育課程學會這些原則，可減少輔導所需的時間。

有時候，輔導員需要在某家庭的面談時間內教導強化原則，而不是讓父母去上課。在這些情況下，父母（經評估之後）學習甚麼原則可應用於他們的處境，如何把這些原則付諸實行，以及要跟孩子討論的改變是甚麼。下文將會介紹，可如何把原則用在孩子身上的一些具體例子。這些原則也適用於成年人。就短期牧養輔導來說，這些原則可適用於各種不同的人和處境；很多原則都適用於鞏固和維持父母所期望孩子應有的行為上，下文所述的頭四條原則在這方面尤其有效。

正強化原則

正強化原則（positive reinforcement principle）講說遠古的智慧：如果每當孩子的某種行為出現時，該行為得到即時的獎賞，那麼這種行為就會得到改良或將會在頻率上有所增加。譬如說，如果一個孩子在進入房子之前抹乾他或她濕漉漉的腳，父母向孩子表示多謝，告訴他或她，他們是多麼欣賞他／她的這個行為，那麼孩子就得到了正強化。孩子在清潔了自己的鞋子以後獲贈一份零食，也是正強化的另一個例子。

輔導員區分初級或**外加的**強化物（零食）與次級或**內在的**強化物（鼓勵孩子的自豪感的一聲多謝）。初級強化物可以是食物、飲料、零食和玩具——這一切對較小的孩子特別有效。

人們發現，次級強化物諸如稱讚、摟抱、金星、獎章和獎牌對孩子們也是頗有效的。說一句「那是一篇組織得很好的談話」、「你把垃圾拿出去，你做得很好」或「我喜歡你揀的那件襯衣」，都是次級強化的例子。這些和類似的話在孩子心中培養一個願望，就是下次要做得更努力，或重複該項行為。

我勸父母們盡可能**在孩子表現好的時候逮住他們**，而不要在孩子表現差勁的時候逮住他們（責備和懲罰他們）。大多數父母在孩子做了父母所認可的事情時不加理會，但當孩子的行為一出現問題時就馬上有反應。要增加恰當行為的頻率，最好的辦法是去承認它而不是不理會它。利用一個初級或次級強化物，就可以做到這一點。即使父母們甚麼都未學會，只學會了這條在短期牧養輔導上的基本原則——在孩子們表現好而不是表現差勁的時候逮住他們——那麼在養育孩子上就會跨進一大步。

負強化原則

負強化按著人的直覺是合理的：當所願望的行為得到一個負面結果的中止作為獎賞，孩子的行為就會得到改良或在頻率上有所增加。舉例說，一個一般來說是大意的兒子在掛好外套和放好皮靴之後，可在當天晚上免去抹乾杯盤的工作，那麼他就是得到負強化了。這條負強化原則（negative reinforcement principle）所起的作用大抵就如正強化原則，不同點在於後者是得到一份獎品，而前者則是免去一件不愉快的事。在穩定願望中的行為上，負強化起著正面的作用。

皮墨克原則

一項父母所願望但為孩子所不喜歡的行為可以藉著一個方法得到鞏固和增加：孩子可不可以進行一些他或她特別喜愛的活動，端在乎他或她在父母所要求的行為上表現得有多好。從未聽過「皮墨克」的父母無疑也熟悉這條原則。這條原則有時候也叫「祖母定律」（“grandmother's law”）。這「定律」的例子有：「你吃完了蔬菜才可以得到一塊蛋糕」；「你把房間清潔好了，然後才可以出去玩」；「你先把家課做妥了，今天晚上你就可以到馬利的家去住宿」。

皮墨克原則（the premack principle）也可以作為對自己施加的一種激勵。在夏季的幾個月裏，我經常在明尼蘇達州北部的一間小屋裏進行寫作，那裏的鼓眼魚在黃昏時特別容易上鈎。在我來說，黃昏能否去釣魚在乎我能不能在每天完成某個限額的寫作；當我寫作的步伐遲緩下來，我就想到吊到一條四五磅重的鼓眼魚，如此就為我的寫作加把勁。我沒有硬繃繃地套用皮墨克原則，但它是一種自律的方法，對大人和小孩同樣適用。

間歇強化

當行為藉著經常的強化被確立起來時，維持表現的鼓勵可以繼續下去，但要減低頻率。間歇強化（intermittent

reinforcement）的意思是，所願望的行為會繼續得到獎賞，但獎賞會減少。當孩子學習一項新的活動（例如掛好衣服）的時候，最好使用連續的強化：每當該活動出現時，它都得到獎賞。可是，到了該活動已穩固地確立起來時，改用間歇強化是有益的，而且能使孩子表現得更好。

如果突然中止強化，那麼本來被不斷強化的行為可能會很快停止。但是，如果逐漸拉長強化的時間表，以致同樣的強化需要愈來愈多的表現；又，如果孩子不能預測強化何時出現，那麼該行為就很有可能變為習慣。

七歲大的珍妮（Jenny）每次打掃完房間之後，都得到稱讚和寵愛，她為此感到歡喜，她的父母也很滿意她的表現。但是，在跟輔導員討論過有關間歇強化的事情以後，他們決定，是時候要停止那連續的獎賞了。他們藉著隔開強化的安排而做到這一點。起初繼續給她稱讚的話，但少些寵愛的行動。過了不久，珍妮不再為打掃房間期望獲得寵愛了，他們就減少讚賞她的次數。留意她所做的打掃工夫依然會得到正強化，只是來得較疏，以及在意料之外的時間出現。對那個孩子來說，間歇強化的作用大抵就如一台吃角子老虎：巨額獎金隨時會隨著下一枚投入的角子傾倒出來。孩子也從他或她所做成的事獲得一份滿足感。

懲罰原則

正如上述的原則可以用來有效地鞏固和維持一種願望中的行為，有的原則會有效地弱化或停止不受歡迎的行為。這些原則之中的頭一條是懲罰原則（the punishment principle）：如果孩子做了某項行為之後，緊接著有一個負面的結果或一個正面結果的移除，那麼該行為就可以被弱化。

大部分父母在施行懲罰的原則上都不需要推動力。父母們拍打孩子的屁股、責備他們、對他們嘮叨不休、大叫、申斥、打孩子、取笑孩子。簡言之，懲罰也許是一直以來許多大人用來模造下一代的品格的主要甚或惟一的方法。有時候這類懲罰是管用的，但有的時候它可能有反效果。拍打六歲大的馬可（Mark）的屁股，告訴他不要用拳頭打弟弟，好處是：在這一刻，馬可停止用拳頭打弟弟。而壞處呢，除了明顯這是以暴易暴的偽善表現以外，就是結果不持久。一旦對懲罰的記憶只稍微退減，馬可從傷害弟弟所得到的具高度強化作用的滿足感又再次勝出。**啪！**

在這情況之下，懲罰可以是有效的：一個孩子學會了一種願望中的行為表現，能夠把它做得好，但同時沒有停止不適當的行為。不過，懲罰往往鼓勵孩子產生一些逃避或迴避的行為，它們有的時候比原來的問題還要糟糕，譬如產生差勁的我的感覺。受罰的孩子屢屢找著另一種用來抵制父母的、較卑怯的、更消極侵略的行為。

父母應該完全避免使用懲罰嗎？不必。多個世紀以來，懲罰是養育兒女的主要控制方式。近來，在這個鼓吹所謂寬容的育兒法的弗洛伊德—史普克時代（the Freud-Spock era），父母經常容許孩子去做他們想做的事，幾乎全不干預。即然沒有用來代替懲罰的新的控制方法，寬容的進路證明是未能令人滿意的。有些孩子在沒有父母的指導和管教之下，胡亂地說和做，不但對家庭和社會造成擾亂，也對自己造成傷害。本章描述的方法能為讀者提供一個較具建設性的選擇。

某些形式的懲罰，如果謹慎地並經仔細思考後使用，可以有益於養育孩子。其中一個最有助益，經常被稱為「隔離一會兒」（“time out”）的方法，曾被用在各式各樣的處境裏，父母不難學會。它在某些方面與較古舊的「去你的房間，留在那裏，直到你的態度轉好為止」這個方法相類似。隔離一會兒的不同處在於父母在事前先和孩子說好，解釋給孩子聽，而懲罰也只會用在之前已經說好的過犯上。它通常是把孩子帶離他或她所處的正常的環境一段短時間——也許五分鐘——到一個沉悶的房間去，在那裏沒有娛樂，也沒有繼續進行那令人討厭的行為的機會。隔離一會兒這個方法的目的，在於除去任何令那不受歡迎的活動得到強化的可能。這樣的懲罰當然應該只是一個相配合的正強化程式的一部分。

饜足原則

如果一個孩子被容許（或被要求）去進行一項行為直至厭倦了為止，那麼該行為就會被弱化。這條原則對若干父母來說可能是聞所未聞的。

舉個例子，韋恩（Wayne），一個九歲大的男孩，把鄰居的一塊空地燒著了。有一陣子他被當作是發現和報告這場火的英雄，但他料想不到那麼容易被人揭穿。母親找牧師求助，得來一個頗新奇的懲罰方式。她把三大盒農夫用的火柴和一個用來盛載三磅咖啡的空罐子擺在韋恩眼前，對他說：「我要你點著每一根火柴，把它吹熄，然後放進罐子裏。」妙極！韋恩心裏想。可是，到了他把一盒火柴點完之後，樂趣消失，他嚷著要找朋友去。韋恩跟母親說他已經點夠了火柴，以後也不會放火了，但母親堅持韋恩要把火柴統統點著，一根一根地點。那花了好長的時間，韋恩變得很厭倦了。從那時起，韋恩再也沒有放火了。

不是所有有問題的行為都是那麼簡單地被停止的，但饜足原則（the satiation principle）可以是用來弱化不受歡迎的行為的一個有用方法。

消滅原則（The Extinction Principle）

要減低某個行動的頻率或停止它的一個有效方法，是安排孩子的環境，使他或她不會因為這個行動而得到強化。那可能需要相當的心神，因為父母們經常有一種習慣，就是逆向地做事情。例如，當三歲大的孩子靜靜地跟那五歲大的孩子在玩著的時候，他們的父親或母親或許會鬆一口氣，趕快地去做一些事，或只是歇下來休息數分鐘。當孩子們又爭吵起來的時候，這父親或母親就對著他們大嚷。這意味著，當孩子們和平相處的時候，父母不加理會，但當他們爭吵的時候，父母就給予大量的注意。其實需要的是相反的做法。一個優勝得多的做法是：為孩子們靜靜地玩耍稱讚他們，而對於他們的瑣事，除非他們在嚴重地傷害對方，不然的話，就不必加以理會。

不相容的行為的原則（The Incompatible Behavior Principle）

如果讓孩子的一些不相容的行為得到獎賞的話，孩子的錯誤行為就會被弱化。父母們歷代以來已用過這個概念。父母們運用這個概念，為孩子建立一個從時間或實質來說是非此即彼的處境。很多人試過逗弄孩子，或扮演小丑來使哭著的、還在學走路的小孩子大笑起來。輔導員會勸父母，當遇到孩子玩電掣的時候，與其責備或拍打孩子，不如簡單地把小孩子的注意力轉移到一些較有趣的事情上。

三歲大的朗迪（Randi）愛唱歌。她也愛趁著媽媽在做吃力的家務時惹麻煩。朗迪的媽媽的親職課導師建議，在那些時間，媽媽要發起齊齊唱的活動，讓朗迪加入；這唱歌的活動與朗迪那不受歡迎的行為是不相容的。一個禮拜之後，媽媽回報說，她開始厭倦了重複地唱「一閃一閃小星星」，但是朗迪因為忙著唱歌，就安安靜靜地不再惹麻煩。（與諸如閱讀等活動比較，唱歌的優點是媽媽可以同時繼續她的工作。）

父母不需要被一項與他們的價值觀或幸福感不一致的行為所打敗，他們可以謀求藉著一些從孩子自身的興趣或時間框架的立場來看是不相容的行為來取代它。

提示原則

某些原則在發展新的行為上而不是在鼓勵或妨礙現有的行為上特別有用。這樣的原則尤其值得一提的有三條，會在本章討論。

如果在期望中的行為出現之前的一刻給孩子一個提示，那麼孩子就學會一種新的行動方式。在教導孩子禮貌方面，父母久已用上了提示孩子的方法。

當我們嘗試教導三歲的女兒餐桌禮儀時，我們提示她說「請」和「謝謝」。她一認識了這些字眼之後，我們可以問她：「你怎樣說？」她就會乖乖地說出請和謝謝的字眼，但是缺少勁力和意義。後來有一個下午，我們驅車外出，我們買了三支而不是慣常的兩支甜筒——一支是給女兒姬斯汀（Christine）的。當她知道她會有自己的一支甜筒而不是與我們共享一支的時候，她就從車子的座位上挨前來，充滿熱情地大叫：「謝謝你，爹爹！」她說的時候是那麼的高興，那麼的有意思，我眼中不禁有了淚水。她學會了謝謝的意義。（當然，她還是繼續需要不時的提示——畢竟，很多時候，當我們說謝謝的時候，一半是出於為他人設想，一半是出於由衷的感激。）

提示原則（the cuing principle）適用於很多行為，它可以是言語上的提示（「說謝謝」），也可以是身體語言的提示（在教會裏把手搭在孩子的肩頭上，用來提醒正學習在崇拜中安靜的他或她）。在給予提示和期望中的行為出現之後，父母應該以讚賞、摟抱或其他強化物來獎賞孩子，這是重要的。

塑形原則（The Shaping Principle）

為漸次接近願望中的行為的表現提供獎賞，有助孩子學會新的行為。小孩子像大人一樣，要繼續努力的話，是需要鼓勵和成功感的。

七歲大的理察（Richard）不像一些小孩子那樣有好的協調能力。他的父親李奧（Leo）是中學時的運動健將，他決心要把他的孩子打造成一個運動家。每當他們在後院打棒球的時候，李奧會把球拋得很快，以致理察招架不住。於是理察就會害怕起來，想要停止玩下去。這令李奧大為光火，他會說理察是個懦弱者，並拋出更有力的球，直到孩子跌倒了或者被球擊中，哭著去找媽媽為止。媽媽就會對李奧發怒，大家都變得掃興。而理察學會的不是打球，而是害怕打球。

這情況使家庭備受壓力，他們把問題告訴牧師。牧師說，李奧要求理察「要做大丈夫」的定義太過偏狹。李奧需要更樂意讓理察做回他自己；孩子不可能是父親的複印本。李奧似乎願意重新考慮他的態度。

與此同時，牧師說明一個用漸次接近的方式來教孩子打球（本身是一個值得嘗試的目標）的方法。最初，李奧要輕輕地讓球沿著地面滾動，直到理察學會了好好地接球和擲還為止，然後，才更有力地朝著理察滾球。接著，李奧要低手發球——又是輕輕地——每次當理察快要接到那球時（不是當他實際上接到它時）就以強化的方式鼓勵孩子。李奧要逐漸增加發球的速度和難度直到理察學會接球為止。（不用說，這最後的一個步驟對於較小的孩子，從成長的發展階段來看還未能在空中接球的孩子是應該略去的。）

在擊球方面也要採取相同的步驟。就這樣，孩子可以按著自己的步伐，在沒有恐懼之下，而不是按著父親——一個天生的運動員——所記得的學習步伐來學習。理察也要培養足夠的技巧，好叫日後能夠自己決定是否參與運動。他可以根據自己的能力和自由，而不是根據失敗和恐懼來做決定。

模仿原則（The Modeling Principle）

有時候，當孩子觀察到一個受尊敬的人在做著一件事情時，他或她就學會一種做該事情的新的方式。人們久已承認，在生活的大多數層面，模範對學習的重要性。

把這條原則應用在李奧和理察的個案上：要進一步幫助李奧教兒子打棒球，牧師建議：如果理察心目中有一個棒球英雄，那就會進一步推動他的學習過程。他又建議李奧邀請理察參加一個職業棒球賽。如果他肯去並享受它，那麼他或會在多次比賽的過程中，在本地球星中找著一個英雄。孩子常常仿效英雄的做法：在前廊像一個最愛的摩托車車手般躍跳，或吃一份十項全能冠軍得主所吃的早餐。

我們的女兒姬斯汀還是青少年的時候，十分仰慕長途泳手，尤其是女的。當新聞大肆報導一位橫渡英吉利海峽（English Channel）的泳手時，姬斯汀大膽地游到一個遠在湖心的小島上——那即使在我們力勸之下，她大概也永不會做到的。

模仿對於父母來說是一條重要的原則。就像提示原則和塑形原則一樣，它特別有助孩子學習新的行動方式。

輔導過程

父母們對強化的概念通常都容易接納，而且樂於採用。把這些方法用在兒童身上，多少會改變了傳統的輔導程序，特別是長期輔導的過程。

早期的兒童輔導（性質通常是長期的）是由治療師單獨接見孩子，後來人們認識到，應該在輔導過程中把父母也牽涉在內。這有時候導致家長小組的形成；治療師會把父母跟孩子分開來輔導。

兒童輔導後來有了長足的發展，出現一條新的輔導進路，就是以整個家庭單元而不是以獨立的個體為對象。這條進路很快證明了它的有用性。輔導員發現，在輔導過程中要處理整個家庭，這是很重要的——這就是牧者長久以來早已認識的所謂「系統進路」。觀察所有家庭成員之間的相互作用，不但有益於幫助牧者評估問題，而且經常地，如果要改變孩子的行動的話，也必須改變整個家庭維持關係的方式。

儘管在起初的時候，為做評估約見整個家庭，但在短期牧養輔導上採用強化原則的牧者隨後或會選擇主要以作為家庭領導者的父母為輔導對象，因為他們拿著開啟孩子轉變的鑰匙。牧者有系統地教導父母，把上述的強化原則應用到他們所遇到的，和孩子有關的具體問題上。因為孩子的環境是主動地——即使不經意地——無時無刻不在強化某些行動，不論是孩子自己或是牧者，都不是帶來轉變的最佳人選。父母也是在該環境中最重要的一個因素。實際上，在短期牧養輔導上採用強化原則的牧者，其作用就如一個教育工作者、父母的顧問（以及有必要的話，父母的教師），協助他們重新得回對家庭環境的控制權，並幫助孩子解決他或她的問題。

涉及孩子的問題的短期牧養輔導過程，一如在大人的個案裏，是以評估開始的。有關的行為需要先被界定，以及記下它的頻率。確定問題出現的頻率有助父母和牧者現實地了解問題的嚴重程度，這並提供一條底線，用來量度以後的輔導介入的有效性。為了判斷某個短期牧養輔導手法是否奏效，或是否需要引入一些別的方法，這樣做是重要的。

評估的過程首先意味著要從過盛（就不受歡迎的行為來說）或不足（就願望中的行為來說）的觀點來界定有關

的問題行為，然後數一數每個問題在某個時段內出現的次數，把有關數據記在一張圖表上。所量度的數據至少應該橫跨三至四天，不論是在確定底線的時候，或是在隨後的輔導期間都是一樣。而且，量度數據需要在每天相同的時段進行，維持一個特定的時間長度，因為問題的出現或會按著孩子或家庭的日程而有所不同。

舉個例子，賓（Ben）以打妹妹為習慣：這個問題需要解決。每天，賓的母親在一張圖表上，記下賓自放學回家後至全家坐下來吃飯時跟妹妹作對的次數。家長要連續五天填寫這記錄每天兩三個鐘頭的圖表。在有的處境下，如果某項行為出現的頻率遠較賓的為高，那麼只要每天記下該行為在一個鐘頭之內發生的次數就夠了。如果有關的行為不常出現，量度的時間框架或需要一整天。

父和母都參與在數算有關行為的次數是最好的。再者，父母把他們自己相關的行為（例如他們給予賓多少的正強化物，或他們有多經常地嚴責他）以圖表記下來也會是有用的。這把焦點擴大，從孩子的問題行為擴大至連父母對不受歡迎的行為的強化，或父母未能為願望中的行為給予提示和強化也包括在內。

繼評估的過程進展良好之後，牧者就要把強化原則教導父母。在牧者方面可能需要點說服力，以幫助父母明白，他們（不是牧師）是帶來改變的作用者，孩子在行為方面的改進端在乎他們如何。父母們經常想要把一個問題兒童放置在教會門口，心裏想著，既然教會是關注良善和正直之事的最後一些機構之一，它會做到他們自己所做不來的事，就是使他們的孩子行為得體。正在學習對孩子使用強化原則的父母需要牧者的教育和推動力，好叫他們看見，改變是對於他們自己的一個可能。

要是父母贊同進行改變的過程，那麼接下來的一步就是由他們自己去修正他們對孩子的問題所下的定義；要比之前更具體，也許——當他們更仔細地檢視它的時候——要對他們的定義作出更正。接下來，他們制訂一個改變計劃，有系統地提出一套對待孩子的新的行動方式，並實踐在孩子身上。

就短期牧養輔導來說，牧者的職責是協助父母為孩子選擇一些人道的目標，在其中指出他們不經意地把自己的童年「罪過」傳給孩子的一些情況。作為顧問，牧者是要在父母努力造成改變的過程上訓練他們，幫助他們磨練其製造改變的技巧，並鼓勵他們堅持到底。父母們起初通常做得不好，但即使是一點點的成功也會增加他們的推動力和信心。牧者可以用行為預演（見第七章）的方法，先讓父母們在牧者的辦公室預習一下他們與孩子的互動，然後讓他們回家，在家裏使用他們剛學會的原則。

一旦改變開始發生，不論孩子或父母都會因他們的成功而得到鼓勵。我勸父母要在他們的親子關係上作出其他改變；這些改變不是以當孩子表現差勁的時候逮住他們為根據，而是以為建設性的行為給予獎賞，一起做一些對大家來說是滋養情感的事情為根據的。

當孩子在行為上已有改變臨到，我就經常問父母們，他們想不想把已學過的原則應用到他們自己的某些問題上。譬如說，如果父母正在負債，他們或會希望利用強化的方法來改變一下他們的花錢習慣。孩子看見父母用負責任的態度來為自己的困境謀求出路，也就會得到進一步的鼓勵，更願意學習一些更具建設性的新行為。強化的原則不只是給小孩子用的短期牧養輔導方法：它們對每一個人來說都是適用的。

6 強烈的恐懼與意象的進路

圖像如同魔法。不論我身在何方，不論我在做著甚麼，我總可以閉上眼睛，喚起一幅明尼蘇達州北部湖邊小屋的圖畫。我們在那裏渡過夏天。我可以看見那間小屋，隔著松樹林眺望那片湖水。禿鷹在頭上飛，潛鳥驚嚇得大叫，海貍忙於收集食物。我可以看見漁船停泊在下面的岸邊，並觀看風暴橫掃天空。我不需要身處屋子裏和湖邊，就可以感受到陽光在我皮膚上留下的溫暖，並嗅到地上乾松葉隱隱傳來的氣味。想像能把我帶到我去不到的那個地方。

圖像塑造我們的生活。譬如說，想像一下作家珍妮斯的情況。每當她看著一張白紙的時候，她總看見最近死去的丈夫的面孔。可以理解的是，她被這幅圖像、這種空洞、這種損失弄得一無所能。她不能寫作，直到幾年之後，她可以再次看著一張紙而看不到他的圖像為止。

圖像顯然可以引致許多情緒上的問題，但它們也可以有醫治的作用。正如拉查若斯（Arnold Lazarus 1977, 39）所指出的：「很多專業人士依然並未察覺，經協商而慎重使用的特定的圖像，經常顯明是一條鑰匙，它能開啟那扇門，開闢一條出路，使人能解決至今令人迷惘的問題。意象打開人格中最有能力的其中一個區域，讓人能以克服數不過來的日常壓力。」

神經外科醫生彭菲爾德（Wilder Penfield）發現，藉著利用電流刺激腦的某些部位，病人可以聽見或看見他們人生中過去所發生的事。如果他刺激腦的不同部位，不同的圖像就會被想起。重複刺激腦的同一個位置，就會喚起相同的記憶。

我們的腦袋把過去事件的圖像儲存起來，大抵就如電影圖書館儲存電影那樣。在腦袋的圖書館中積存的這些圖像在我們眼前重新出現，會安慰或嚇倒我們，就如湖邊小屋的圖像，或從那作者的白紙所顯露出來的、瞪著她的、逝去配偶的那張臉。負面的圖像以恐懼來捆綁我們，正面的圖像把存在於我們之內的天然力量和健康釋放出來。

圖像甚至可以影響工作的實際表現，就好像我在亞利桑那州一個牧養輔導中心所遇到的一宗個案。陽光似乎吸引人來玩棒球，很多大球隊都在鳳凰城地區進行春季訓練。作為那裏的一個牧養輔導員，我見過很多職業運動員，從名人館（Hall of Fame）的候選人到較小的球隊的後起之秀。在這些運動員的身上，我開始認識到想像法所可能造成的好或壞結果的力量，以及它對短期牧養輔導的有用之處。

朗度（Randall）是個慣用左手的年輕投手。他投的快球令打擊者無法應付，只得眨眨眼睛；他的曲線球把打擊者趕離本壘。他還有一個關乎失控的問題，那使他註定要在A和AAA球的排行榜上默默無聞。當他在等待區輕鬆地練習，沒有人觀看的時候，他有近乎完美的控制技巧。可是，在壓力之下，他就失去投球的控制權了。有的時候他會完全失控，不斷走路，從一個打擊手到另一個打擊手，直到球賽經理把他從投手區土堆拉過來為止。他在羣眾面前尤其緊張——這是一項明顯的缺點，有礙他晉身成為一個較大的球隊的後起之秀。人人都同意，他擁有進入較大的球隊的天份，要不是因為他在失控方面的問題，他早已擠身在那兒了。朗度的教練們為了他被浪費了的天份感到挫敗。在憤怒之間他們其中一人説：「為甚麼你不為你的問題見一個能幫助你的人？」朗度接受了他的勸告，見了當地的一個牧師，他把朗度轉介給我。

我使用多種介入方法幫助朗度面對他在失控方面的問題，大部分都是採用意象。我先用漸進鬆弛練習（見第十一章），那很有幫助但不足夠。接著我採用**應付意象法**（coping imagery）。朗度閉上眼睛，想像那惱人的情況（在眾目睽睽、每個壘都滿了人的情況之下投球），然後想像自己成功地應付過去（發球要低，落在打擊區內）。他盡可能繪形繪聲地想像自己在困境中突圍而出，現實地處理那個情況，絲毫不感到焦慮。在每次想像自己能應付過去之後，他以一幅鬆弛的圖畫（在沙灘上享受日光浴）作結。他每天兩次練習想像這些圖畫，每次為時十至十五分鐘。

目標預演（goal rehearsal）是另一個採用意象的方法，它改善了朗度的專注力。他想像每一次的投球，從他最初把球握在手裏的那一刻開始，到所投之球落入捕手的手套為止。他以慢動作來設想自己的身體如何作出和諧的配合，運送那球。他想像——在他的思想中預見——自己如何向不同類型的打擊手投球，以及，當他熟悉了某些運動員之後，所需要用來轟他們出局的特定的發球法。每天把這個想像的技巧練習一遍是重要的。

在朗度的個案裏所用的介入方法之中，應付意象法是最有用的。他需要放鬆，但最重要的，是他需要面對他的恐懼：身處於一個棘手的位置，有數以百計的人觀看著，其中很多希望他會失敗的。在我這方面，我需要對他多加督促，他才肯在家中練習想像。不過，當我告訴他，我深信，除非他征服了他的恐懼，不然的話，他是永遠不會擠身在較大的球隊之中的，他就聽從我的勸告，練習想像技巧。而他也成功了。

在宗教上使用意象並不是新事。大部分的信仰都利用圖像來使抽象的、超越的、難於理解或不可能通過言語去表達的東西變得具體。圖像有助人們體現信仰的宗旨。希伯來聖經充滿著意象、異象和異象化的夢：羅得的妻子變成了一根鹽柱、燒著的荊棘、七隻瘦牛吞吃七隻肥牛。猶太教的神祕傳統卡巴拉（Kabbalah），在其實踐上使用圖像、符號和摹想。

意象的運用在基督教靈修學和屬靈導引的傳統上也是很突出的（Stone 1988）。聖餐等禮儀是倚賴想像法的：想像基督把餅和酒遞給門徒，使最後的晚餐變得具體。另一個時空不知怎地與我們的時空聯合起來，於是信徒在這個想像性的事件中，與基督和基督的醫治行動聯合了。

心理治療及輔導界在其實踐上也使用想像法。弗洛伊德發現，藉著使用催眠或其他方法使病人放鬆之後，病人可以想起那些久被遺忘了的、童年的圖像。容格（Carl Yung）比弗洛伊德更強調圖像以及它們在治療上的重要性。弗洛伊德和容格都懂得一點：幫助人們摹想過去一些負載著情感的事件，可以減少它們對人們所造成的困擾。弗洛伊德說：「藉著退回到視覺上的殘餘記憶的痕 ，有可能使思想變成有意識的過程。用圖畫來思考……比用言語來思考更接近無意識的過程，前者不論是就個體發育史或系統發生史來說，都毫無疑問比後者要久遠。」（Samuels and Samuels 1975, 182）

近年，法國人、德國人和意大利人都在治療上進一步採用意象。很多人把容格所理解的「主動想像」作進一步發揮；這主動想像就是讓受助者通過意象，再次作他們作過的夢，及重新經驗過去的事件。美國也證明了人們對意象在心理治療上的運用再次發生興趣。行為學派在循序脫敏法（systematic desensitization）和衝擊療法

（flooding techniques；又稱滿灌法）上使用它；完形療法（gestalt therapy）運用導向白日夢和夢境延伸；而認知療法（cognitive therapy）就利用想像法來重演那些令人困擾的事件，藉此幫助受助者了解自己在認知上的曲解情況。還有很多其他的心理學派都發現了那存在於圖像之內的力量，並在輔導上使用意象法。

本章會集中說明，過去和現在的圖像怎樣能協助受助者應付未來的困難。這不是論心靈潛在的力量的一篇論文，而是短期牧養輔導的一系列介入方法，其中大部分可以作為家課之用（參第二章），有助人們對自己和自身的問題有更大的駕馭能力。

運用意象

在本章中用作為動詞的「想像」（“to image”），是指摹想一些過去或未來的事件。實際上，每個願意放鬆下來和肯花時間的人都能夠想像。雖然天賦的摹想能力各有不同，這裏的練習所需要的，只是建構相當清晰的圖像的初步能力。

拉查若斯（Lazarus 1977, 9~11）創製了用來量度意象鮮明度的一套尺度，量度人們建構圖像的能力。但是，據我的經驗，聆聽受助者的這個簡單行動，就足以反映他們腦海中看事物的能力，這行動並提供一切所需的資料，讓我們得以判斷，他們所建構的圖像是否清晰得足以讓他們從意象中得益。

一個對於大部分人來說是容易做到的初步摹想，就是想像童年時的一個地方。（儘管本書不是一本附有練習的自學手冊，你還是可以閉起眼睛，嘗試想像這個以及接下來的多個練習所提到的幾個場景。）鼓勵受助者閉起眼睛，看見自己身處於他們所記得的一個房間內。建議他們把房間審視一番，發現其中的玩具、傢俬、牆上的圖畫、窗子、窗簾、書本、地板。請他們打開貯物室的門，窺看裏面的東西，尋找一些過去他們所珍惜的物件。提示他們要注意物件的顏色、質感、甚至氣味——如果他們的想像是那麼生動鮮明的話。這個簡單的摹想，把人們對意象所懷有的不安感覺減輕，並顯示了他們對建構圖像的性向（aptitude）。

「大草原」是另一個能夠斷定受助者的摹想能力的基本圖像。（你或者會想現在就親身體驗一下。）牧者可以說：

> 合上你的雙眼，深呼吸幾下，想像自己進入一片大草原，以你自己的步伐，進入草原內。看看天空、周圍的樹木和青草，感覺太陽曬著你的皮膚和吹來的微風。聽聽草原上的各種聲音。當你在草原上的時候，隨心所欲地做一些事情。我會把你留在那裏一會兒；讓事情順其自然地發生。（停頓。）現在，以你自己的步伐離開草原，慢慢地伸展你的手和腳，並張開你的眼睛。

對於大部分（但不是全部）的人來說，這樣的想像是一次輕鬆、解放的經驗。因為在他們的人生裏有這麼的一次經驗，他們可以隨心所欲地做一些事或完全不做甚麼，並且是按著自己的步伐。

當受助者完成了摹想之後，請他們仔細地描述他們所看見、所做過和所感覺的東西。這可有助輔導員評估受助者的想像能力，和認識一些有關受助者的個性的事情。

有些人不能成功地作出摹想，因為他們沒有花時間讓他們的思想漫遊。如果人們肯花時間給自己，存在於他們裏面的圖像就會浮現出來。何魯維茲（Horowitz，轉引自 Samuels and Samuels 1975, 136）提出一點：當「要計劃的意欲減少，人們進到一個漫無目的地思想的狀態」，摹想的能力就會提高。

鬆弛是達致成功的摹想的另一條鑰匙。很多人——有可能大部分人——之所以難以進行摹想，是由於他們不能放鬆。圖像的清晰度可以藉著鬆弛練習加強；事實上，本章所描述的意象法，大部分都應該在進行之前先做一些鬆弛練習——深呼吸幾下，或甚至只是集中注意自己的呼吸。

意象也可以用來代替鬆弛方法（在第十一章詳述）。有些受助者覺得鬆弛練習不富啟發性，寧願利用意象來使自己平靜下來。他們可以閉上眼睛，想像自己在一個輕鬆的處境下，就好像讓自己的思想放一陣子假。那可以是沙灘漫步或一條森林小徑、在浴盆中泡浸一會兒或一幕夕陽的情景。受助者挑選那些最能使他們平靜下來的圖像，每當他們感覺被焦慮所勝的時候，就在思想上轉向它們，為時數分鐘。

這樣的摹想的一個極大的優點，是它經常讓人們繞過言語上的障礙。那些利用言語作為防衛的受助者，是接受想像的最佳人選，因為圖像明快地刺穿他們層層的廢話。對身為牧職人員或大學教授的受助者，想像法是不可或缺的，因為他們往往是懂得用言語來操控的高手，但他們也潛在地被言語所混亂。請他們停止分析，只要讓圖像對他們説話。言語能夠有力地傳遞意思，但也可以歪曲它。圖像能穿越言語，講説真理。

為了加強摹想的效果，我間中運用這兩個方法的其中一個——**放大**（zoom）和**慢動作**（slow motion）——兩者都是與照相機的操作類似。我會請受助者就某項細節（例如女兒為成績單上一個不及格的分數作出解釋）加以放大，以幫助他們看得更清楚、更詳細。那些想像自己從事某項任務（例如棒球投手的曲線球）的人，就像一部**慢動作**的照相機對該項活動進行摹想，在過程中留意到他們正在做著的那件事的每一方面。兩種方法都為所想像的圖像提供更詳盡的細節。

有關兒童的一點評註：大部分家長都曾經因孩子在夜裏尖叫而跑到孩子的房間去，發現孩子被惡夢或想像出來的妖精嚇壞了。兒童活在一個充滿圖像的世界裏，這些圖像比大人的要基本和生動。有時候，他們能夠藉著繪畫把纏繞他們的圖像畫出來。還有另一個直接的方法，可以讓我們得知那些嚇倒小孩子的圖像是甚麼，就是閱讀一些和他們的恐懼相關的故事，或請他們編造一些故事，是關於想像中的孩子們如何面對類似的處境的。兩種方法都能夠幫助兒童表達恐懼。

意象法

在輔導裏，使用意象介入的方法有很多，很多採用它們的心理治療學派還在繼續發展它們。屬靈導引為我們提供了更多有關使用意象法的方法。下面是多種適合用於短期牧養輔導的意象法，讓我們得以面對在堂會牧養中所遇到的一些較常見的問題。

成就預演（Accomplishment Rehearsal）

我的網球偶像之一的艾華特（Chris Evert）很會用成就預演這個方法。很多運動員和各行各業的人，也都很會用成就預演這個方法，雖然他們經常不曉得自己正在用它。艾華特想到其對手的強處和弱處，以及對手打網球的風格。她在腦海中預演她將會如何應付挑戰者的每一擊，想像自己如何作出反應。她早在到達場地之前，就想像自己對付每一個挑戰者的打法了。

拉查若斯（Lazarus 1977, 67）引用了另一個有關運動的例子：

> 假如一個高爾夫球手一次又一次地想像自己用球桿用力打球、或作出一次困難的輕擊，那麼他的實際表現將會有所改善。同樣，在腦海中習慣想像自己成功地對著一個靶子擲鏢，也會改善自己在真實的情況下瞄準靶子的功夫。這差不多可用於所有技術上。如果你在想像中練習一些事情，那必定會對真實的情況有所影響。

無數的技術都能藉這個技巧得到鍛煉：一個害羞的人在工作場所向人問好；一個順從的妻子在丈夫面前敢於自表；一個生意人在一羣人面前講話；一位牧師對某個會友說「不」；一位上司以友善的態度向員工打招呼；以及其他很多的態度、技巧和特性。

受助者若要實踐某項技巧，就需要具體地學會所需要的是甚麼——例如確切知道，「對員工友善」是甚麼意思（對每一個員工微笑、說聲你好、問候他們的家庭狀況、稱讚他們的工作表現，諸如此類）。如果某項嘗試是複雜的，那就要討論一下，各種行動是如何配合起來的。受助者必須知道如何實踐一項任務，包括所有細節在內，然後才能想像它。

如果受助者難於按著願望中的方式採取行動，那麼，有時候讓他們在想像中誇大那相關的行為也是好的。譬如，一位害羞的男士盡可以熱情洋溢的方式向人問好，又或，一位自卑的女士盡可在無關重要的小事上在丈夫面前自表。

當人們想要在他們的生活中改變某些事情的時候，最好的成全方法是先在他們的想像中作出摹想。成就預演的果效是不能再誇大的；想像是把短期牧養輔導的目標付諸實行的一條鑰匙。受助者可以把它作為一項家課來多加練習。

一個屬靈導引練習

屬靈導引加強並鞏固人們對上帝的臨在的意識。「〔它是〕與一個人與神的關係，以及這關係的成長有關的。它和一個地方——實際上是和一個人——有關，基督徒可以來到這個地方，具體地談論這種神人關係。它所提供的牧養關顧方法，是使人們敏銳地覺察到那已經存在的、我們活在其中的上帝的臨在。」（Stone 1988, 94）

為促進人們對神的開放，屬靈導引使用許多種操練、方法和練習。禱告、默觀、寫日記、讀經和默想，都是達到這個目標的方法，都可以是用來培養默觀的習慣及用來專注於個人對上帝的內在經驗的有效手段。屬靈導引與短期牧養輔導的關係，或屬靈導引的實踐，都無法在這裏詳述。（參Stone 1988; Barry and Connolly 1983。）但在探討這類導引與短期牧養輔導的想像法的關係上，至少有一種屬靈操練是可被討論的。

意象長久以來都是用來加強人與上帝的關係的屬靈操練的一部分。意象被用於屬靈導引，其中一個方式是把它和聖經連結起來。譬如說，在進行了一些預備性的練習（鬆弛練習、喃喃自語等），安靜下來以後，受助者或會被要求去在他們的心目中，想像一幅聖經的圖畫。把經文讀過幾遍以後，他們閉上眼睛，以眼瞼作為銀幕，摹想自己是故事的一部分——就如撒該爬上樹，或如一隻小羊在安靜的水邊。他們嘗試盡可能把一切想像得栩栩如生，嗅到氣味、聽見聲音，嘗到食物和飲料的味道。他們不需要把故事的角色搬來搬去，像舞台導演移動角色那樣，但應該以一種接納的態度去參與，讓要發生的事發生。受助者可容許自己去說一些或做一些經文沒有確切描述的東西。

這樣的做法讓經文活現起來。對於那些感到難於理解基督給痲瘋病者的醫治、所給予井旁那個女人的寬恕、在往大馬士革的路上向保羅所啟示的救恩的人來說，意象可以是一種有效力的方式，讓他們參與事件，如歷其境。這個方法也可以幫助他們去領受那已經給予他們，但經常是難於感覺到的東西。有些婦女在一個男性主導的宗教底下感到權利被剝奪，這個方法對其中的一些人可以起著強大的衝擊；譬如說，摹想那些在十字架下或在墳墓旁邊的婦女，會讓她們感到在救恩的戲劇中有份。詩篇、比喻和福音書中的敍述部分，都特別適合用來想像。在初次對一段經文進行了這樣的摹想以後，受助者可以一次又一次地回想同一幅圖畫，讓它繼續向他們說話。

循序減敏法

只要用得合宜、小心運用，循序減敏法是不難掌握的。它的組成部分包括以下幾項：（1）放鬆（間中被略去），（2）向受助者解釋這個方法，（3）製作一張清單，把令人煩惱的事情按次序列出，和（4）進行想像。為說明以上的組成部分在輔導的處境所起的作用，讓我分享一宗個案；它並不尋常，但足以清楚說明循序減敏法是如何運作的。

四十六歲的康妮（Connie）是個地產經紀。她已經結了婚，但極少跟丈夫見面，她丈夫是個電腦顧問，經常周遊各地。康妮有一個問題，就是某種特殊的恐懼：她為此見過一個心理治療師六個月，之前又曾求助於一位催眠師，並沒有甚麼結果。她的恐懼是：在公眾場合她會有一種要排尿的強烈衝動，而且當她在辦公室開會或在展示一間房子的時候，她會感到要在客人面前失陪一會兒是尷尬或困難的事。

她每小時排尿兩三次，這是例常的預防措施，這樣每當有人來到她的面前她就用不著為了上廁所失陪一陣子而感到尷尬。有時候，她在一天之內排尿五十次之多。她強調一點，就是每次離家或離開辦公室從來都不要超過半小時——這就地產一行來說，這是令人為難的限制。康妮每逢與一些預期中的顧客外出，以及在她的辦公室裏與客人見面之前，總是先上廁所。無論她去到哪裏，她到達之時的第一件事，就是探查一下廁所在哪裏。因為她的這種恐懼，她差不多停止了上教堂、看電影、觀賞音樂會和坐飛機。她感到每當她向廁所的方向走的時候，所有的眼睛都注視著她。

康妮接受了醫療檢查，排除了生理的因素。而詳細的心理評估，也沒發現甚麼重大痛苦難忘的事件可以被辨識為她的恐懼的成因；她的情況是在過去的兩三年間逐漸發展起來的。之前她接受過輔導，也找不出甚麼精神創傷，不過發現了在她丈夫經常周遊各地和她的難題之間，有一種暫時的關係。

循序減敏法在消除這類害怕和恐懼（在這類情況中，焦慮是習慣了的事，但實際上並無重大的危險）上，經常是有效的。這些恐懼包括了怕坐飛機、怕狹隘的地方、怕考試、怕羣眾、怕人家注視、怕在大羣人之前講話、怕高等等。

經評估之後，康妮的牧師教她幾種鬆弛技巧。當康妮在進行鬆弛練習之時，牧師決定用循序減敏法。康妮得知，減敏法是建基於一個前提：以一幅想像出來的圖畫來代表一個真實的生活情況。所以，一旦她可以學會「想像」處身於一個公眾地方幾個小時，而不用為排尿一事擔心或感到焦慮的話，她就可以在真實生活中重複這個經驗。

康妮和她的牧師攜手建構出一張清單，列出許多令康妮煩惱的事件；牧師用上了康妮的病史的摘記，而康妮也列舉一些可能的項目。他們也請求康妮的丈夫加以協助。到了下次會談，長長的一張清單被修剪成只剩下十七個項目。康妮按著它們所造成的焦慮按次序排列好，結果康妮造出了一張先後有序的一系列令人煩惱的事件和處境的清單。一、坐在飛機窗口位的一次長途旅程，這處境令她感到一種要排尿的衝動；二、在汽車上的長途旅程，在這處境下，她會要求別人停下車子，讓她上廁所；餘此類推，直到項目十六——在家裏與丈夫一起看電視；和最不令人煩惱的第十七項處境就是：沒有人在家的時候，在廚房裏吃一大碗冰淇淋。

康妮學會了鬆弛，學會了循序減敏法的觀念，又把令她煩惱的事項排列好，她的減敏過程開始了。在每次輔導面談的開始，康妮用五分鐘時間進行鬆弛練習。當她閉上眼睛在進行鬆弛的時候，牧師就把清單上的第十七項描述一番，盡可能地詳細，使之活靈活現。牧師鼓勵康妮要想像一些附加的細節，把處境想像得盡可能地生動：該場景發生的房間、傢俬的擺設，甚至味道或氣味——如果這些能夠幫助她捕捉這個經驗，令她感到如同親歷其境的話。

就循序減敏來說，把圖畫描述過了，受助者想像過了以後，便需要評估和辨識受助者的感受。助人者會說：「如果你的想像掀動了即使是最輕微的焦慮感或恐懼感，請舉起你左手的食指；如果沒有這些感覺的話，就請你安坐著，不要做甚麼。」

康妮在學習想像上一點困難也沒有。每一幕情景都擺在她眼前五至三十秒（她感覺不自在的話，時間就短些）。在康妮看過了一幕情景之後，牧師就會跟她說：「把這幕情景從你的思想中驅逐出去，然後只要放鬆，感覺自己是平靜輕鬆的。」停頓了十五至四十五秒之後，牧師再次把該幕情景呈現在康妮眼前，當康妮可以有幾次想像到該情景而不感到受困擾的話，牧師就進到清單上下一個最高次序的項目。

康妮對清單上最底下的幾個項目毫無困難。大部分的輔導時間（五次）是花在中間的處境。到她來到最後的幾個項目時，他們進展得頗快，因為她已熟習了想像的技巧，掀動了極少的焦慮。當康妮和她的牧師來到居於首位的項目——飛機上的一次長途旅程——時，他們運用了一個稱為「泛濫」（“flooding”）的程序。他們一起創造一幕他們所能想到的最令人不安的情景，康妮被要求去摹想它——牧師曉得她會有相當程度的焦慮，但知道她是能夠克服過去的。她所設想的情景是十個小時的越洋飛行，旅途上飛機顛簸得厲害；在整個旅途中，「繫緊你的安全帶」的燈號差不多一直在亮著。她經驗到一些焦慮，但沒有覺得很大的煩擾，因為她經過了許多練習之後已經知道，她可以與某種程度的焦慮共存而不感到驚慌。循序減敏法讓她得以摹想清單上的每一個項目，逐漸地從一個項目進到另一個而沒感到少許的苦惱。循序減敏法解除了受助者所經驗到的焦慮和懼怕。一旦他們能夠在腦海中摹想有關的情景而不感到少許的焦慮，他們就能夠在現實生活中，經驗到那些事件而沒有之前他們所習慣了的痛苦。

自我控制意象

高費德（Marvin Goldfried）利用自我控制創造出循序減敏法的一個變異形式。傳統的循序減敏法把完整的一幕呈現在受助者眼前，目的是要減少受助者對該情景的焦慮感。自我控制意象法也是把一個隱含著焦慮的情景呈現在受助者眼前，但輔導員鼓勵受助者，就在受助者進行想像的時候，對該處境作出解決並帶來完結。這樣，受助者為問題的解決並為克服焦慮負上責任，他／她較少倚賴助人者，被教導去——借用高費德的話就是：「應付因焦慮而起的反應和提示，而不是應付那些引發緊張的處境。」（Goldfield 1971, 230）

自我控制意象法是用來克服恐懼和害怕的（我用來幫助朗度的方法；朗度就是那個害怕在羣眾面前有所表現的投手）。受助者問自己，如果他們要應付那令人害怕的處境，他們需要的是甚麼。在與輔導員討論過後，他們想像那個困境，清楚地看見該情景（有些人想要逃避這個環節），面對它有可能引發的任何令人不快的感覺。下一步是，受助者想像自己在處理那個困境，讓事情達致一個解決方案之類，同時不會令自己感到苦惱。

舉個例子，馬內利（Manuel）是個單身漢，四十七歲。他害怕約會，但想邀請一位同事上街吃晚飯。輔導員把想像出來的這幕情景擺在他眼前：他站在那位女同事的桌子旁，想邀請她在當天傍晚外出吃飯。他連該幕情景的結局也想像出來，決定下一步會發生的事情，使該處境達致一個解決的方案。

經常實踐自我控制意象法，有助受助者以自信的圖畫（在生活的困難層面應付得好）代替充滿焦慮和失敗的負面圖畫。當人們面對這些在真實生活中的困難的時候，他們發現，他們能夠做到他們一度害怕去做的事情。

計估意象

圖像對短期牧養輔導的評估過程也大有助益。它們可以追溯一些重複出現的困擾的源頭，以斷定那些持續地令人困擾的事件的起因。具體來説，與抑鬱、焦慮、挫敗和憤怒有關的圖畫，有時候能精確顯示相關的困擾的根源。

要在評估的過程中用意象，受助者先要放鬆、閉上眼睛。然後他們要説出那纏繞著他們的感覺。接著，他們要把負面的感覺放大。譬如説，假使他們是被抑鬱的情緒所困擾的話，他們就要加強這種傾向，直到他們真的感到心情低落為止。當他們開始強烈地感受到那負面的情緒的時候，他們就要嘗試去覺察任何浮現出來的圖畫。不論那些圖畫是甚麼，受助者要盡可能強烈和生動地去摹想它們。當更多的圖畫陸續浮現出來的時候，他們要以對待其他圖畫的方式去看它們，就是如同歷歷在目一般。當他們閉上眼睛，看見一幕又一幕的情景的時候，一邊要以第一身的角度來講述所見的一切（「現在我看見……」）。某些圖畫可能需要特別的注意，才能描畫出有關的細節；我之前提過的慢動作或放大技巧，有時候會在此發揮很好的作用。最後，受助者有機會探討那些和他們所見的圖畫有關的感受，如此就在評估的過程上有積極的參與。

圖像可以穿透言語的煙幕，揭示問題的核心。因此，它們在短期牧養輔導的評估過程上大有助益，並且能夠促進了解，加速輔導的過程。

消防演習意象

我們大部分人在作小孩子的時候，都在學校裏進行過消防演習，這些演習預備我們，萬一遇到真正的火災時，該如何安全和鎮靜地行動。消防演習意象幫助人們預備面對人生中無法預測的災難。它是一個方法，使人們在情感上預演和計劃，萬一遇到不幸時會做甚麼。

多年前，我駕駛一部改裝跑車，我經常在腦海裏預習，假如我遇上倒霉事時我會做甚麼：假如車子翻轉了、假如車子著火、假如內燃機打開了……等等。在改裝跑車的競賽中，最糟糕的其中一幕是，車子旋轉疾馳，最後，車子與跑道成垂直的角度，司機門對著迎面而來的車子。這個位置讓車子被T字形撞擊，就是正撞在司機位的車門上，即使有滾筒形的籠子周圍保護著司機，那仍是個脆弱的地方。

一個星期五晚上，我車子的輪軸壞了，掉了一個車輪，車子即時旋轉疾馳。我立刻知道，我的車子可能與別的車子成T字形碰撞。很多次我想像自己挨向車子的中間，手抓住滾筒形籠子的其中一條管子。無可逃避的事情發生了：一輛汽車以每小時七十五英里的速度撞向我的車子的司機門。那個司機根本看不見我。沒有思考的時間。但在他撞擊我之前的百萬分之一秒，我知道將會發生甚麼事。我本能地向後挨，抓住籠子的中心，正如我曾經想像的。我腦海中的情景一如我所計劃的活起來了，我只受了幾下碰撞，多了幾處瘀傷而已。

危機理論家（Stone 1993）指出，當遇到重大的處境危機時，大部分人起初在應付這不幸的事上都感到困難。他們呆住了，而即使他們有所行動的話，也不能從事一些會紓緩問題的、有目的的活動。在危機中的人又傾向視野狹窄，難於在各種可能的選擇中作出取捨，很多時候，他們所表現的是僵化的思想和相當程度的焦慮。

消防演習式的預演（Lazarus 1977）讓人們為一些潛在性的、具挑戰性的事件作出事先計劃。我發覺它在很多情況都適用，例如妻子快要和他離婚的一個丈夫；面對著空巢的問題的一對父母；丈夫患上不能動手術的癌症的一位太太；一個曾試圖自殺而有可能會再次萌生自殺念頭的人；一個申請進研究院但未必會被取錄的學生；一個有意申請大學裏一個全時間的教席但可能不獲聘用的英文系大學畢業生；一個可能會遭暫時解僱或被革職的男士。

消防演習意象要求受助者放鬆、閉上眼睛，摹想可能會發生的事。那個五十多歲、感覺到自己可能會被排擠而失去他的職位甚至他的工作的工程師，把事情的發生想像得詳盡而生動。他的焦點不是在那個會接任的、比他年輕的僱員，而是在他一旦失業之後，他會做甚麼。他就著他會採取的具體步驟進行摹想，以判斷他能否得回他的工作或是找一份新工：寫履歷表、參加面試，與業界一些能幫助他的同事聯絡等。他想像一些能鼓勵他的朋友，和能夠為他提供支持的家人。想像的過程應該盡可能具體，所採取的行動應該盡可能明確。

要把受助者的視線從危機中所出現的僵化思想轉移，消防演習意象是一個好方法；它讓人們想像到，假設一個重大危機出現了，他們可以如何處理。不幸地，很多人因為沒有把這些事件想得透徹，或沒有把前景摹想得夠詳盡，就被自己短視的決定和倉促的行動所累。

在輔導上使用意象的這個趨勢將會有更大的發展，它的力量才不過是剛開始被人注意，雖然基督教的神秘主義者和屬靈導師早已在多個世紀以來認識它。它帶著動力，而且與行為預演（behavioral rehearsal）一樣，幫助人們從思考問題踏前一步，就是採取行動來挑戰問題。想像法特別適用於短期牧養輔導；它加速輔導的過程，幫助人們更快「看見」他們的問題，並且正視它們。

7 困難的改變與行為預演

改變是短期牧養輔導的目標、結果、目的、終點。如果沒有改變發生的話，通常給予的理由，是受助者的動機不夠強、有抗拒，以及受助者不願意冒險去採取改變發生所需要的步驟。這樣說很有可能是真確的，但故事還有下文。人們之所以往往取不到願望中的改變，是因為它看來是那麼的遙不可及，以致他們被懼怕和焦慮所勝。他們也不曉得如何去做需要做的事：他們缺少了必需的技巧。

在短期牧養輔導上，牧者需要使改變看來是有可能發生的，並且需要幫助受助者獲得達到目標所必需的技巧。很多時候，光是知道需要改變的是甚麼是不夠的。**亮光不一定帶來行動！**在知道所需要的改變和改變本身之間，一定要有一個過渡的步驟，這項介乎思想與行動之間的任務，在短期牧養輔導來說是十分重要的；假如在改變的過程中忽略它，我們有時候就會誤以為，受助者的動機不夠強。

譬如，牧師或會要求一位男士向妻子表達感受。這位男士把他所有的時間都耗費在工作上，而這份工作又是積極地不鼓勵公開表達感情的，以致他根本不知道甚麼是感受。這位男士之所以不會向妻子表達他的感受，最可能的理由並不是缺少動機，而是缺少了技巧。

要幫助人們去做一些他們知道是需要做的事，可以怎麼辦？牧養輔導員可以有幾個選擇。鬆弛訓練（第十一章）對那些被憂慮或擔憂所折磨的人大有幫助。教導溝通技巧、情感的表達或強化原則，就對那些缺少處理問題所需要的技巧的人特別有用。行為預演也可以藉著幫助人們減少焦慮、面對恐懼，以及培養改變所需要的技巧，鼓勵人們去做他們需要做的事。

行為預演

要一個人的人生出現改變，在知道與行動之間需要一個過渡的步驟。行為預演又稱角色扮演，被用來作為模仿人際關係的處境的一種手法，可溯源至十八世紀上半期（Ziboorg and Henry 1941）。

我是在受訓作為牧養輔導員的期間開始採用行為預演法的。我的指導員給我評語，說我的輔導正確但缺少靈巧的策略。每當我在輔導的過程裏感到改變對受助者來說會是有益的話，我就會唐突地說：「我想你需要做……」。

受助者往往贊同，但接下去會凝視前方，如同站在跳水板上震顫著，不肯跳下去一樣。然後我就會很快退避，嘗試用強迫、誘哄、懇求或哀求等方法，但到了這一刻，抗拒已經凝聚，恐懼已經形成，受助者已不願參與。

在輔導中使用行為預演需要聰明和機智，受助者先要有一個信念：學習這種新技巧是值得的。這是很重要的。從評估一位初級行政人員的問題跳到嘗試在上司面前自表的行為預演，這學習過程註定是要失敗的，除非該行政人員學會並相信，在上司面前自表是有潛在的好處的。

一旦受助者對願望中的行為的價值深信不疑，輔導員就應該向受助者解釋行為預演的技巧。盡可能讓這話題在談話之間自然地被提出來討論。平鋪直敍地對行為預演加以詳述一番，大抵就如對著鏡子練習演講，又如在沒有高爾夫球的情況下揮動球棒。試試講説，這個方法對之前的受助者是如何地奏效；引述前人的例子：他在起初怎樣不能「投入」行為預演這個方法，但後來發覺那是值得的。告訴受助者，在行為預演的過程中，你預期他們在起初的時候會是笨拙的，不會把所有該説的話都説得對，但他們在這裏練習，總比在外面的世界練習要優勝，因為在這裏的表現並不打緊，但在外面世界的表現就事關重大。

要處理受助者的抗拒。對行為預演所產生的抗拒可以是大的，因此一定要有準備的工夫，除非某個受助者在此前已用過這個方法而且取得了相當程度的成功。有些人拒絕相信，在牧者的辦公室裏練習真的能夠帶來幫助。如果某人說：「這是人工化」，你只要贊同他並補充一句：「對，這是人工化；但你所學的，結果所經驗的感覺是真實的。」舉個例子，有一次，當訓練一組牧者的時候，其中兩位受訓者被安排去擔當一對婚姻有問題的夫婦的角色。他們素未謀面，但他們在行為預演期間對對方所產生的反感是那麼的強烈，以致他們必須在下課後留下來，用半小時來進行解說及檢討！

下一步，要鼓勵受助者進行角色扮演或預演。很多時候，新的行為是很容易確定的，除了練習以外，也不需要甚麼準備。一位曾經把女兒逐出家門的父親可以把父女之間的爭吵重做一遍。實際上，他要從頭再來，嘗試採用一個不同的方式來處理彼此間的不和；也許可以採用幾個不同的方法，達致頗不一樣的結果。

行為預演的用法

以下是在短期牧養輔導上採用行為預演的若干建議：

- 嘗試選擇一些場景，在其中受助者是主動採取行動的一方，而不是受別人的行動所影響的一方。例如，他們要與一個他們所怕的人展開談話，而不是等待那人來接觸自己。短期牧養輔導的一條基本原則是，由受助者來**啟動**他們務求要做到的改變，比等待別人在他們身上有所行動更優勝。

- 如果願望中的改變很複雜或很麻煩，那就要開列一張清單，把各個場景逐一排列，從最容易的場景開始預演，逐漸進到較難的項目，如此受助者就在沒有被弄得太不舒服的情況下得以擴張。
- 對於初次參與行為預演的人，讓他們嘗試預演一些不會構成威脅的「熱身的」場景，往往對他們有利。學習一些預演的方法，常常能減輕怯場的心理和他們所可能感覺到的不明朗。
- 使場景生動活現，需要多少細節就用上多少。指示那些把過去一件惹人煩惱的事件重做一遍的人，要用一種新鮮的方式來使用原有的處境和背景；不是要重演過去，而是要把它當作好像從未發生過的一樣，來著手扮演。
- 鼓勵受助者要留在場景裏，即使他們感覺害怕或想要逃跑。讓他們說出他們的恐懼，然後讓他們以新鮮的情節把該幕場景重新想一遍，直到他們不再那麼害怕為止。有時候可以用認知重構來處理這類恐懼。
- 較理想的是，牧者不用在行為預演的場景中扮演一個角色。這使得牧者可以騰出空間，當受助者在扮演角色的同時指導他們。可惜的是，除非受助者是作為小組輔導的一員或有家人陪同，不然的話，在其他人缺席的情況下，牧者往往需要承擔某個角色。假如牧者是在場景內的一個角色，他／她就應該移到另一張椅子上，以象徵的方式說，他／她此刻正在扮演一個新的角色。如果需扮演的是一個特別惹人討厭的角色，那麼當牧者坐回自己的椅子上時，他／她就應該說：「哎呀！不用再扮他〔她〕，我真高興！」或類似的話。

- 有時候，人們不作出改變，不過是因為他們不知從何入手。在這樣的時候，把願望中的行為示範出來是有幫助的。當示範一個新的進路或風格的時候，輔導員應該就如何有所不同地行動提出具體的建議。我間中企圖為婚姻中的一方示範一些對待配偶的其他方法。有人或會嘗試把這個方法用在難於找到工作的求職者身上。輔導員應該幫助他們看見，當他們遇到人事部的負責人對他們進行面試時可以有怎樣的舉止。
- 當焦慮變得太嚴重的時候，要隨時採用鬆弛練習，或是在行為預演之前或是在場景進行的中途。（在繼續進行預演之前，使用第十一章所描述的鬆弛法。）
- 只花一段短時間來練習某個場景，不要讓場景拖長到數分鐘以上。分幾次來練習一個場景，比一次過用長時間來練習更好。（在一連串較短的場景之後採用五至十分鐘的場景，這樣做會是有用的；較長的場景把學習過的所有功課結合起來，形成一個較複雜的單元。）最初幾次的行為預演或者只維持一兩分鐘。
- 嘗試交換角色，例如讓丈夫扮演妻子的角色，妻子扮演丈夫的角色，或讓母親扮演女兒的角色，女兒扮演母親的角色。交換角色可以有意外的效果。雖然受助者不會在角色扮演期間練習新的行為，但他們會從中覺察到彼此的感受，以及作為對方是多麼的困難。這個技巧經常把家庭所承受的、有時候過重的對抗性關係化解。

當預演了某個場景之後，餘下的還有兩件事：第一，跟受助者談談，他們扮演得有多好，並提出一些改進的建議。第二，就所學到的功課可如何轉化成日常生活作出闡釋。既然行為預演的目的是協助受助者把他們在輔導中所學會的東西化成行動，那麼就要問一下受助者，他們在行為預演期間所做的事情，有多少是會用在日常的生活上。這就成為他們未來一個星期的家課。

在牧者的辦公室的安全庇護下，行為預演是個有效的方法，把在外面世界裏會是一次可怕的經驗的東西試著做出來。行為預演特別適用於自表、求職面試、演講和在公眾場所與人接觸等場合。它也能在家庭關係上，幫助人實踐一些與家人相處的新方式。

懂得為人所共同接受的態度、風俗習慣和人際技巧，讓人得以在人羣中間有效地運作；那些沒有充分社會化的人——即在長大成熟的過程中沒有學會這一切的人——可以藉著行為預演從中得益。行為預演可以鼓勵那些缺少這樣的技巧的人，培養出大部分人都認為是理所當然地該擁有的技巧。譬如說，我用它來幫助害羞或內向的青少年或年輕人處理約會與談戀愛的事情。

如果先給他們有行為預演的機會，人們就有更大的可能在現實生活中做出一些他們在輔導面談時所談到的事情。因此，行為預演是短期牧養輔導的一個重要的介入方法。

8 強迫性思想與掌控思想的方法

初秋一個陽光普照的下午，五十三歲的傑西嘉・華特斯（Jassica Walters）在照顧她那個四歲大的孫兒歷奇（Ricky）。她聽見家門前有刺耳的煞車聲，跑出去時只見歷奇伸開手腳，躺在人行道上，旁邊是他那被扭曲了的三輪車的殘骸。

歷奇在醫院住了五天，在家中休養了兩個星期，看來是完全康復過來了。傑西嘉可沒有那麼幸運，她吃和睡都有問題，她從早到晚都在責備自己，以為自己就是歷奇發生意外的原因。在過去，當歷奇來她家，嚷著要出外時，她會說：「歷奇，你要小心點，也不要在街上玩。」可是在發生意外的那天，她正巧上樓上去了，才不過一會兒，回來就看見他在外面玩。還不到五分鐘，汽車就撞來了。

兩個月過去了，傑西嘉的自我責備還是沒有停止。她的兒子和媳婦都原諒了她，而歷奇呢，除了對汽車加倍留神之外，也沒有甚麼後遺症；但傑西嘉繼續在腦子裏重演那件事。終於，歷奇的母親提議傑西嘉去見牧師。

思考中止法

傑利．查理斯（Jerry Charles）有幾次到醫院探望那孩子和他的父母，對事件瞭如指掌。起初查理斯牧師嘗試不去重視傑西嘉的問題，可是不久他認識到，她的痛苦沒有減輕。他和傑西嘉合力探討她的感受，這帶來了解和亮光，而傑西嘉也同意，她沒有理由繼續感到罪疚，但她對該次意外的強迫性回憶還是繼續下去。

查理斯牧師於是決定採用一種通常被稱為**思考中止法**（thought stopping）的短期牧養輔導的介入方法。那是對焦慮的受助者的一種治療方式；這些受助者有不能驅散的執著性的反覆思想。

牧師在向傑西嘉解釋了治療的程序以後，就讓她靠著椅背坐著，閉上眼睛放鬆。然後，他請她想像自己在吃一大碗水果——這幅圖畫是不會構成威脅的。當這幅圖畫完整地浮現的時候，她要舉起左手的食指作為示意。她一旦這樣做的時候，牧師就大叫「停！」

如此就開始了傑西嘉的思考中止訓練。他們把這過程重複了四五次，又用別的無關痛癢的圖畫練習了幾次。當傑西嘉習慣了這個方法以後，查理斯牧師請她想到有關歷奇的強迫性思想。她舉起左手的食指，表示那思想已在腦海中成形，牧師再次喊道：「停！」

要在同一時間想到兩件很不一樣的事是不可能的，至少在某一刻，那強迫性的思想被牧師的喊聲驅走了。每當想像中的圖畫呈現過後，查理斯牧師問傑西嘉，該思想有沒有消失了，即使那只維持了一段短時間。她回答說，有。牧師就說：「好，你每做這個練習，你就會在驅除你不想要的思想上更有能力。」

這樣經過幾次想像，查理斯牧師喊停以後，他要求傑西嘉在想到該次意外時，自己喊停。她對這個方法漸漸熟練，回答說她已在驅走那不想要的思想了。之後，查理斯牧師就指示她，只要在她的思想中喊停，用不著大聲說些甚麼話。在重複練習的時候，她有時開口喊停，有時只在思想中喊停。後來她習慣了，無論是開口喊停，或是只在思想中喊停，她都有自信了。最後，當她能夠按照自己的意願把強迫性的思想暫時驅走的時候，查理斯牧師吩咐她，只要在心中默默喊停就可以了。

當天，查理斯牧師打發傑西嘉離去時給她兩項作業：第一，她每天要練習三次思考中止法，每次五分鐘。她要刻意想起歷奇的那次意外，然後用思考中止法，把有關的思想驅除。第二，每當她不由自主地想起該次意外時，她就要用思考中止法。

第二次，傑西嘉來見查理斯牧師。查理斯牧師問，思考中止法進行得如何。她回答說：「只是一般」，並承認自己不大肯定，那會否幫得上忙，而且她也沒有多加練習（受助者的慣常反應）。對受助者來說，思考中止法看來如魔法一般，而大部分人都是不相信魔法的。

查理斯牧師沒有責備傑西嘉，也沒有放棄所用的方法，只是大致上重複他上次所做的事並加以強化。他鼓勵她要再次練習思考中止法，並告訴她其他用過這個方法的人（不提名字或可供識別當事人身分的細節）的成功例子。在面談之間，傑西嘉和查理斯牧師再次練習思考中止法，查理斯牧師並問傑西嘉，她有沒有甚麼要詢問的。

到了第三次面談，傑西嘉回報說有很大的成效。她的反覆思想已有相當程度的減少。她能夠驅去那些令人痛苦的回憶，維持愈來愈長的時間。查理斯牧師又見了傑西嘉幾次，一方面檢查她在運用思考中止法上的進展，一方面引進一些輔助性的輔導方法，直到她的強迫性減輕。（把思考中止法與其他輔導及減輕焦慮的介入方法同用，通常更為見效。）

思考中止法不是把思想壓抑下去，而如果把它當作是壓抑思想的方法來應用的話，也不會成功。把思想壓抑下去就是把它趕進地下，在那裏它會潰爛起來並造成更大的情緒傷害。思考中止法就是去面對它、處理它，並逐漸控制它。

卡拿．毛恩（Carla Moen）是個年輕的電視製作員，她正在製作一系列的短篇紀錄片，以供大眾電視台播放。在這項目上與她合作的同事是一個比她年長、較有經驗的女人。當她們的工作一直進展的時候，責任愈來愈多，死線也逐漸逼近，一向健康的卡拿開始有受不住壓力的症狀，包括胃痛、失眠、健忘、清晰思考的能力下降，以及有強迫性思想（為了她們所花了的錢和堆積如山的工作）。

她的同事因為其他事務離開本鎮十天，例常的日程被打斷，這使得卡拿有時間去評估一下自己的處境。她向奧圖牧師（Pastor Alltop）說出自己被抑制了的焦慮感覺。她看見自己一直在容許她的伙伴支配著她們的關係，把她推向一個企劃，而這企劃的規模之大，要求之高，是她在事業的這個早期階段所不想要的。她的工作與她在人生中所寶貴的其他事物——家庭、朋友和音樂（她是個具才華的小提琴手）——起了衝突。卡拿雖然在男同事的面前學習自表，但在這位她所欽佩所尊敬的女同事面前，就沒能維護她自己的願望和目標。

在奧圖牧師比較客觀的見識的幫助之下，卡拿明白指出問題的所在。她繼而決定，一定要跟她的女同事談一談，提出這些議題，並在她們的合作關係上作出調整。她仔細地把有關問題和可能的解決方案列出，甚至為是次商談寫下議程。

可是，距離卡拿跟她的伙伴見面的日子還有六天，她在處理其他日常事務上也出現困難。她重複為著她被人當作是門墊而感到苦惱，又在思想上不斷重演，當對質終於發生時，她會跟那個女人説些甚麼；她睡得少，感到身心疲憊。

先前奧圖牧師給她一本書，教導有關思考中止法的技巧，卡拿讀了一章。凌晨二時，她臥在床上，還是醒著，想到她的企劃、她的女同事、她們未來的會議，心中煩亂，於是跳過了頭幾個步驟，每當這些想法出現時，就默默地對自己大叫停！不消一會兒，在這個思考中止法和她本人的信念（相信它會見效）幫助之下，她睡著了。因為她覺得這個方法合理，她沒表現出傑西嘉所有過的抗拒。

五天後，卡拿與她的伙伴會面，掃清疑慮。卡拿較之前安穩平靜。她對該次面談的強迫性思想減少了，她只需要略略預覽一下已準備好了的議程，就可以掌控大局。結果顯示，她的女同事其實並不渴望在她們的關係上那麼具支配性，她樂於贊同卡拿所提出的新的一套規則。因為她們習慣上都是衝突避免者，她們同意將來如有異議的話要馬上提出來。二人的關係改變了，除了這關係被挽回之外，該系列的紀錄片也逃過一劫。兩個星期之後，卡拿找著那個女同事再商量，這次她為自己對企劃的參與定了一個限期：在未來只會多做兩個月。

假如卡拿用的方法是把思想壓下去的話，她和該女同事的關係很可能會惡化到不能挽救的地步，而卡拿本人的情緒狀況也會變得很不穩定，甚至會病起來。但她運用思考中止法，面對了她的感受，並為問題設想了一個方案。思考中止法使卡拿在過渡時期能減少那些無用的思想。她睡得好，得以和她的工作保持情緒上的距離，而且當她在她所珍惜的一種工作關係之內與人商討必要的改變時，能夠有最佳的表現。

很幸運地，卡拿的牧師看出她有解決難題的聰明和動機，她所需要的不外乎是一個客觀的看法和一些有用的資料。任何類型的輔導，特別是短期牧養輔導所有的一個錯誤是，以為受助者必定是軟弱無助，不能為自身的成長積極地用功的。

寫下、閱讀、燒掉

從事輔導的牧者經常遇到一些新近離婚的人，他們無法停止思想他們過去的婚姻關係以及導致關係結束的詳情；便雅憫．高德（Benjamin Gold）就是這樣的一個人。他那維持了十三年的婚姻最終以分居然後是離婚收場，無論日夜他能夠想到的總是這些，此外無他。他的工作是受苦，一整夜的安睡是稀有的事。

便雅憫的牧師告訴他，在離婚之後花些時間來作出反思是自然的，而且回顧一下彼此的關係實際上是促進了醫治的過程。不過，這樣的反思不應該佔用了當事人一天裏的每個時刻。牧師建議用狄世沙（de Shazer 1985）發明的一種介入方法，就是「寫下、閱讀、燒掉」。

牧師指示便雅憫每天要在同一時間分別一個小時出來，用來專心思想他過去的婚姻。在雙數的日子，他要寫下關於那段婚姻的一切回憶，無論好壞，他要寫整整一個鐘頭，即使那意味着把相同的幾個句子寫完又寫。在單數的日子，他要閱讀之前一天所寫的記錄，然後將之燒掉。

如果他的強迫性思想在別的時間出現，那麼便雅憫就要告訴自己，要把思想延遲到指定的時候。他要重複雙數與單數的循環，直至他的強迫性思想減少為止。

輔導員在向受助者介紹「寫下、閱讀、燒掉」的這個方法時要充滿信心。有些人難於相信，用寫下燒掉來代替思想可會達到甚麼目的；牧者對這介入手法深信不疑，會有助受助者樂於參與。（有少數的人不容易把他們寫下的東西燒掉，那麼牧者可以鼓勵他們把所寫的記在日記裏。）

這介入方法之所以有效，有幾個原因：一，它把受助人的掛慮客觀化，使之更明確、可被處理。二，它把人們所禁止的「壞」思想變成每天要達成的任務的一部分。三，這些「壞」思想既然被編在時間表裏，人們就較不可能在一天中的其他時間想到它們。到最後，受助者就會讓較重要的事情佔據他們的心思，而那些強迫性思想就會減弱甚至消失。

「寫下、閱讀、燒掉」可用來應付各式各樣的強迫性思想，不只是有關離婚的思想。受助者在思想受控以前，極少需要把這介入方法用上超過兩個星期的。除了叫思考中止法以外，這是另一個方法，牧者可用來幫助受助者駕馭那已經成為他們的主人的思想。同樣，可以預見，他們可以有一點兒安睡，並且可以把浪費在強迫性思想上的精力轉移到更有生產力的工作上。

9 挑戰僵局與對質

對質（在某些圈子裏即人際間的抉擇方法）是時下的風尚，近年來我們被鼓勵去和差不多每一個人對質。牧者和會友對質，會友和牧者對質；父母和兒女對質，兒女和父母對質；教授和學生對質，學生和教師對質；僱主和僱員對質，僱員和僱主對質。

在這極端，不少對質不過是憤世嫉俗和自戀式的做法，只是把個人負面的感覺發洩出來。不幸地，這不但對彼此的關係無益，反而是經常貶低、羞辱或輕視了彼此的關係。這樣的對質是由於對質者的一種高高在上的自義態度而產生的。知道實情的一方，即擁有正確信念或行動的一方，假定是會幫助另一方的。

在另一個極端，很多人依然抑制自己的想法或觀點，而不將之加在別人身上。在這陣營裏的牧者或許不想以對困難的問題給與簡單容易的答案的這個做法，與無可否認是偏頗僵化的人們（就是，基要主義或極端保守派）為伴，因此他們甚麼都不說。可以為他們不想給與容易的答案而怪罪他們嗎？說到底，他們只是不想把自己的信念加諸別人身上而已。但是，他們把石頭給那些飢餓求餅的人，對那些正在尋找生命之糧的人們，沒有給他們一句信心的話語。

當時間變得具關鍵性，就如在短期牧養輔導裏的情況，如果有智慧地運用的話，對質可以是牧者手中一件利害的工具。它能加快輔導的步伐。恩達伍（Ralph Underwood 1985, 95）這樣說：「一旦牧者取得了會友的信任，探究他們的事情就往往變得容易，牧者再也用不著在對質之前無了期地等，好像從事長期治療那樣。如此一來，感情移入和對質可以同時進行。」

對質有助人們更迅速地正視所需要正視的東西，做出所需要做的事。作為先知性或解釋性的職事的一部分，對質不但存在於社會行動、講道或教導之中，也存在於牧養輔導之中。恩達伍（Underwood 1985, 107）說

> 牧者的解釋是把有關基督教真理的資料和意見加以分享，這些資料和意見是可以在人們慶祝和經營人生上幫助他們的。那是誘導式而非教導式的屬靈和道德指引⋯⋯我不相信，解釋是專為集體崇拜和教會的教育課程而設的。事實上，誠如布朗靈（Don Browning）的說明，道德

> 思想是整個教會的要務，它是牧養關顧不可或缺的一環。

對質是個人化地宣揚上帝的道的機會（Thurneysen 1962），它幫助人們對自身的經驗培養一種神學的或道德的了解。

負傷的對質者

我年輕時的教會採用對質法，只是沒有用上這個術語。別人的罪是主要的討論課題，諸如：跳舞、在初次約會時親吻對方、塗口紅，以及（尤其是）性交。那些落在罪裏的，通常被人以口頭對質。這樣的對質傾向是由無罪的一方向那陷在罪中的一方發出，它們有一種自鳴得意的自義語調。

今天，在主流教會仍可較微妙地尋見這種態度。在主流宗派，焦點與其說是在個人（尤其是性方面）的罪上，不如說是在社會性的不公義或政治正確上。譬如，如果某人對動物權益沒有一套正確的信念，沒有使用非排他性的語言，對環保或解除核武沒有正確的關注，那麼，對質就有可能發生，而且經常是伴隨著同樣自鳴得意的自義語調。我在年輕時所經驗的「我比你聖潔」的態度依然活躍，只是在裝扮上有所不同。（這不是說，對個人的道德作出檢視是已經過時了，很多教會和凡俗的團體在這方面是與我童年的教會相似的。注意新聞界和公眾是如何地監察著政客的私人生活。）

很難想像，出於自義的對質會產生甚麼好的結果，但是有一種不一樣的、較有助益的對質，是由盧雲（Henri Nouwen）的思想所啟發的。在他的經典之作《負傷的醫治者》（*The Wounded Healer,* 1979）中，盧雲形容助人者與接受關顧的一方是幾乎沒有分別的。兩者都在罪中存活，兩者都有自身的痛苦、疏離和有限。在事奉上，當我們為對方的傷口包裹和解開繃帶之時，也同時為我們自己的傷口作出包裹和解開繃帶的工夫；在和對方對質的同時，我們自己也遭到對質。就這方面說，助人者和受助者是沒有分別的。

輔導尊重受助者和受助者的世界。在同理心之外加上尊重，可防止對質變成自義。對人有益的對質也是重視受助者和他們的世界。我們是負傷的對質者，惟有謙卑承認我們自己的罪，我們才得以向對方發出挑戰。

對質的種類

我們需要區分對質與解釋（interpretation），後者是弗洛伊德和他大部分的追隨者傳統以來用在心理治療上的方法。解釋假定了那基於對受助者人生裏的事件加以歷史重組而有的頓悟，是改變所必需的條件。分析者在經過多個小時的聆聽，以及對受助者的言語作出反思之後，就給與一個所謂客觀的回應。根據心理分析的理論，這回應解釋了為甚麼受助者會有他們所感到的感受，表現出他們所表現的行為。這解釋告訴我們甚少關於助人者的事，只是說一些關乎受助者的事。對質和解釋一樣，也是對受助者給與回應；但對質又和解釋不同，它是比較主觀的，它向受助者顯示了他們在輔導關係中的表現。

就短期牧養輔導來說，對質的目的是要鼓勵受助者考慮不同的觀點。輔導員邀請受助者探索那些對他們自己或別人有害的，不能表現對自己、對鄰舍或對神有愛的信念、態度和行為。受助者被邀請去看見他們所擁有但為他們所忽略的恩賜。他們又被邀請去發現，聖經或傳統是如何向他們的處境說話。

給受助者的目標是：對他們前來尋求輔導時所提出的議題有更透徹的了解。對質提出一個不一樣的觀點，幫助受助者看見 些他們本來不會考慮——至少在人部分牧養輔導面談的短時間內不會考慮的議題。

伯里遜與米雪爾（Berenson and Mitchell 1974）為輔導中所用的對質法提出若干最有用的材料，把本章開頭所描述、對對質一詞的那個給定了型的觀念加以擴充。對質不只是單單指出受助者的弱點。伯里遜與米雪爾把對質分成五類，他們的研究把輔導員所用的對質法的效果作出比較，下文將詳細檢視他們在這方面的研究。

以經驗為本的對質法

以經驗為本的對質法（experiential confrontation）是讓牧者回應一種矛盾的方法，這矛盾存在於牧者對受助者的經驗的了解與受助者對自己的了解之間。這樣的矛盾是藉著觀察會友在輔導過程中的表現、看出會友公開的陳述與他們自身的內在經驗的對比，或記下牧者或受助者的主觀了解而形成的。在以經驗為本的對質之中，牧者把那些不一致的地方說出來。例如：「你說你的生活一切都很好，但在我看來，你似乎把整個世界的擔子都壓在自己的肩頭上。」

以經驗為本的對質法把焦點放在輔導關係上。它們的目的，是幫助會友看出，輔導關係中的矛盾反映了同類的認知上的差距，這差距也存在於其他關係之中，不論是與家人、同事或與神之間的關係。根據伯里遜與米雪爾的研究，較成功的輔導員比較不成功的輔導員所用的以經驗為本的對質法，次數要高得多。較成功的助人者又隨著輔導的進展，用上愈來愈多的以經驗為本的對質法。

教導性的對質法

教導性的對質法（didactic confrontations）是教導和提供資料，以及向受助者提供一些基本的知識諸如為人父母的技巧、夫婦溝通的技巧等。在輔導中，它們的主要目的是提供有關這個世界、有關神學或有關輔導關係本身的資料，糾正錯誤資料，從而協助受助者作出更精明的決定。查理斯是一位退休的工程師，在妻子死去六個星期後，他感到困惑：為甚麼他不是以前的自己？我對他說：「查理斯，你失去了一個摯愛的人。哀傷並不是過了喪禮就過去了的事情，它是一個緩慢的過程，可以歷時多年。」

教導性的對質法缺少了以經驗為本的對質法的互動強度，一般來說對質者較不需要冒險，最好在輔導關係的初期用它們來幫助受助者明白，輔導過程所牽涉的是甚麼。伯里遜與米雪爾的研究發現，較不成功的助人者傾向於不告訴受助者正進行的是甚麼，以及在輔導中對他們有甚麼期望，因而讓受助者感到侷促不安。較成功的助人者則告訴受助者他們需要知道的東西，以致他們能夠把整個輔導過程用得最好。

在短期牧養輔導中，教導性的對質能幫助受助者澄清一些神學議題、就自身的經驗作出反思、把自身的經驗跟他們從教會裏聽來的神學主題拉上關聯。譬如，把與疏離的父母重新修好，跟我們藉基督所經驗到的與神和好拉上關聯。

最成功的牧者較多用教導性對質法，特別是那些把神學和經驗拉上關聯，以及那些針對在個人行為上的道德議題的對質法。教導性的對質法與以經驗為本的對質法不同，它們在輔導初期最有益處，有效性會隨著時間而消減。原因可能是，當受助者本人能更準確地看現實的時候，他們也就較不需要由助人者提供資料了。

指出強處與弱點的對質法

第三和第四類的對質，是**指出強處**和**指出弱點的對質法**

（strength and weakness confrontations）。指出強處的對質法是以經驗為本的對質法，它幫助受助者看見自身的個人資源，指向一些他們所擁有但還沒有為他們所察覺的、一些未加使用的強處。指出弱點的對質法（大部分人想到對質的時候所聯想到的一種對質）則幫助受助者看見自身的責任。它們指向未作的事，以及那存在於自我或關係中的症狀。

使用指出強處的對質法的助人者會說：「你解決了與電話公司的衝突，我從你作這事的方式看見，你在處理衝突上，可能比你間中給自己的評價更有能力。」對一位丈夫，可以這樣使用指出弱點的對質法：「你確實對太太誠實。不過，在我看來，似乎有的時候，你對她所說的話並不是為展開對話或解決你們之間的問題，而是要把她壓下去，叫她難於反抗。」

伯里遜與米雪爾的研究顯示，較成功的輔導員所用的指出強處的對質法的次數，是那些較不成功的輔導員的兩倍。反過來說，較不成功的輔導員所使用的指出弱點的對質法的次數，卻是較高明的輔導員所用的十五倍。在局外人、受助者和輔導員本身對輔導工作進行評價之時，發現了那些較不成功的輔導員是專於使用指出弱點的對質法的。伯里遜與米雪爾提出一點：指出強處的對質是最有益的對質法之一，可它也是最少使用的對質法之一。

不論是指出強處的對質法或是指出弱點的對質法，在輔導初期都不適用；當輔導稍有進展，受助者開始更深入地發掘自己並覺察到一些過去為他們所忽略的事情，這兩種對質法才變得更有效。引述伯里遜與米雪爾（Berenson and Mitchell 1974, 79~80）的話就是：

> 我們的感覺是：其實可以更多使用指出強處的對質法；但是如果在輔導初期就使用它們，會引發兩個危險。首先，大部分受助者在輔導初期或多或少都是謹慎小心的，如果助人者過多使用指出強處的對質法的話，他大概會被看成是騙子……其次，早期面談應該是朝著一個方向，就是按照受助者對自我的認識去認識受助者。在這樣的情況下，太多使用指出強處的對質很可能會分散了注意力，不論它們準確與否。因為上述的原因，我們會預期，在成功的輔導裏，指出強處的對質的次數，會隨著時間增加，因為它們對受助者來說會變得比較可接受。

尼布爾（Reinhold Niebuhr）等人認為，罪的本質是**驕傲**。婦解神學家在批判他們的時候主張（這批判是正當的），這樣的假定是以男性主導；對於許多婦女來說，罪並不是源於驕傲或抓緊權力，而是源於不認識或沒運用自己的恩賜。指出強處的對質法可以幫助很多人承認並使用他們的強處，特別是在輔導中幫助一些婦女，她們的強處為社會所貶低或甚至漠視。

輔導員和牧者經常被教導，指出強處的對質法是簡單而「盲目樂觀」的手法，優秀的助人者會尋找所述說的問題底下的症狀，但是，就短期牧養輔導而言，我們看見，指出強處的對質法是最有效的介入方法之一。往最好方面說，對質是一種讓人們看見他們的強處——特別是會被他們忽略的內在資源——的一種途徑。恩達伍（Underwood 1985, 96）說：「於此，牧者挑戰人們的潛能。」

助人者必須對受助者忠實：他們不需要編造出一些強處來。不過我的感覺是，大多數的助人者較常犯的錯誤是，沒能指出受助者使用不足的資產。指出強處的對質法營造對未來的盼望，促進對個人能力的一種現實看法。短期牧養輔導按其本質並非聚焦於症狀上，也不會把時間花在解除防衞上；指出強處的對質法對短期牧養輔導來說會是一件奏效的工具，因為它幫助人在他們未被使用過的強處上去建造。

鼓勵行動的對質法

鼓勵行動的對質勸人們去做某些事，以合理、合宜和道德的方式對他們自己的世界起作用。它們不鼓勵對人生採取被動的姿態，而催促人們要更加趨向主動。一個丈夫在練習過行為預演（例如，把他對婚姻的感受告訴妻子）之後，牧者可以回應說：「你在這裏的面談中表達了你對婚姻的感受，你做的很好。我想下一步對你來說，就是在家中說出你在這裏說的話。你準備好去這樣做嗎？〔稍停〕你可以怎樣組織這些談話，好讓你在說出它們時感到自然？」伯里遜與米雪爾（Berenson and Mitchell 1974, 83）寫道：

> 使用指出強處和鼓勵行動的對質法，可能較使用其他種類的對質法需要對受助者的「現象世界」更為敏銳，因為它們完全有可能更直接地導致在輔導時間以外的健康行為上的改變。因此，採取對質的助人者必須敏銳地覺察到生活是怎樣過的，而且必須對（自身的）行為負責。

據他們的研究，鼓勵行動的對質像指出強處的對質一樣少見。成功的牧者較不成功的牧者在使用鼓勵行動的對質上更熟練。許多助人者——不論是心理學家、社會工作者或牧師——在實踐上一個常見的缺欠是：他們幫助人們認識他們的生活處境和伴隨而有的問題，卻不鼓勵他們作出具體的改變。時間既然短少，受助者就需要為改變簽訂合約——擁有它、成為它的股東，那就是說，採取行動。鼓勵行動的對質法是短期牧養輔導能夠引導人們從頓悟進到行動的一個途徑。

時間選擇

時間選擇對所有種類的對質來說都是重要的。以下指引提供一些關於時間選擇的建議。

- 教導性的對質比較適合在輔導的初期使用，以幫助受助者認識整個輔導過程，而在繼後的面談之中，就應該漸次減少使用。
- 以經驗為本的對質適用於輔導的開頭和中期，在輔導關係建立了之後。當輔導過程趨向完結之時，它們的價值也漸次遞減。
- 指出強處和弱點的對質一般來說並不適用於輔導的初期，在輔導中期使用則比較有益。
- 鼓勵行動的對質最適宜於輔導過程的中期和接近結束時使用，就是當人們被鼓勵去採取步驟以達致改變之時。

如果牧者在輔導關係中過早使用任何對質法（教導性的除外），受助者是不大可能聽從它們的。所有助人者都必須賺得被認真接納的這個權利；惟有當輔導關係建立起來了，受助者才較有可能相信，譬如說，指出強處的對質。神學性的教導性的對質最好是在延緩判斷，彼此間的信賴被建立起來之後使用；這時候才適合說出一句充滿恩典的話，或引出一些道德議題。

間接的對質

若干輔導員採用對質作為一種生活方式，與這類人交談就像上戰場一般。這類人之中有很多是受佩爾斯（Fritz

Perls）和他的完形療法所影響的；佩爾斯常說：「我的職責不是要安慰，而是要使受助者受挫敗。」如果牧者只是給與安慰，他們也許會不知不覺地對人們的怠惰加以支持。然而，對質不一定是直接的。輔導的終極目的是要使受助者自我對質，讓他們正視自身的議題，而不是要他們倚賴專業人士。

當我開始教導牧者各種輔導技巧時，對質並不經常是受人歡迎的方法。有人擔心它對受助者不夠支持；有的就覺得，直接的對質對個人來說並不自在。當我回顧我自己和被我監督的人在輔導上的實踐時，我看到某些種類的對質的確有其不利的地方，也看到對質法這個技巧是如何地被濫用了。直接的對質對於那些在過去因對質法而深感痛苦的人們是沒有幫助的，他們需要的是比較間接的方法。當我說「間接的方法」時，我並不是暗示，牧者應該採用受助者無法理解的措詞來表達對質。在牧者試圖減輕打擊的力度的同時，實際上可能會使受助者感到困惑。牧者需要對他們所說的誠實，而且需要清晰地表達，但他們可以用試驗性和溫和的語氣說出來。下面列出一些建議，如果在對質中使用，可提供足夠的溫和語氣，讓大家都感到更自在，受助者也不會到頭來跟助人者對抗。

- 要減輕對質的力度，最重要的是用齊五種對質法，不要只用指出弱點的對質法。要受助者接受助人者的對質，再沒有比這更有益的做法了，因為指出弱點的對質法是惹來最強烈的阻力的。

- 當開始和受助者對質時，要溫和且帶著試驗性。放鬆一點。對一個和妻子關係不和的丈夫說：「我在想，你是不是對你的太太有些微的怒意。」那個正在強烈地經驗憤怒的丈夫或會答道：「些微？我是大怒了！」這比較溫和的句子讓他更容易說出自己的情緒。注意，說「我在想，你是不是感到……」比說「你是……」帶來更好的效果。如果以試驗性的語句或以問題的形式來表個一個信息，大部分的人會比較有可能接受它。採用第一身的句子是描述你自己對受助者的感覺，而不是告訴他們，他們正在感覺和經驗到的是甚麼；其中隱含著自由的元素。
- 盡可能讓你的對質成為在社交上是可接受的。如果某些關於自己的事情會掀起社交上的羞恥感，大部分受助者就會覺得難於接受它。消除這種恥辱的一個方法是，分享你自己的經驗（如果合用的話）：「也許你會有我經常有的一種感覺……」在這情況下，受助者就不再是孤單地去面對一個議題了。當我對受助者說，他們可能正在，譬如說：「與抑鬱搏鬥，正如我曾經與之搏鬥一樣」，他們知道，我已經親身經驗過，如果有需要的話，我是可以把我的故事告訴他們的。
- 你和某人對質的時候要避免怒氣。你本身的負面情緒可以使整幅圖畫變得模糊起來，而受助者也就會得不到所需要的幫助了。牧者在牧養輔導上一個常犯的錯誤是，對受助者表示支持而且有耐心，直到他們吃不消，才向受助者坦率表白。有的時候，這是免不了的，但最好還是趁著牧者的思想還沒有被煩躁或挫折所擾亂之前，就在牧者與會友的關係之內提出對質。一旦牧者的思想被擾亂了，牧者就會有一個傾向，就是試圖要受助者照著牧者的意思去做，而不是要受助者去做那些真正值得做的事。

- 如果受助者對你在對質時所提出的意見加以否認的話，那麼，通常比較好的做法，是暫時迴避一下有關的議題。如果你向一個磨拳擦掌、額上青筋暴現，用手指指向女兒的父親說，他或者是被激怒了，那麼你得準備好，他會否認自己在發怒。向他道歉並說，你大概是搞錯了。不要忘記你向他說的話；當然你有可能是錯了，但更可能的是，你的評語是正確的，只是受助者沒有準備好去聽取它而已。暫時等候，直至你們的關係進深了，有關的議題再次出現為止。此時你要嘗試第二次的對質，使用比較具試驗性的、在社交上可接受的、較溫和的對質法。如果他再次否認，那就把它擱置一旁，等候另一個時機。如果那個父親仍然否認他有任何怒意，你不要以為他沒有聽見你的話；你的話說不定會引起他的怨恨，為時幾天、幾個星期或甚至幾年之久。

- 上文已提示了一個關於間接對質法的建議，就是分享你自己的經驗。向受助者披露你生命中的一些事情，讓他們看出在他們自身的生命中類似的經驗。自我披露不一定是對質性的，但它向受助者提供另一種觀點，足以挑戰受助者在他們的困難中採納另一種看法，看見他們是有自由去為回應自身的處境而採取負責任的行動的。

- 以下是自我披露的一個變化形式：「我記得我之前牧養的一間教會有一個婦人，她的丈夫離開了她，那情況大抵就如你的情況，她經歷了許多痛苦。〔稍停〕她做了好些事情，好幫助自己應付丈夫離開的事實。」注意：不論是披露個人的事或一些關於另一個地方一個不知名的會友的事，這樣的披露都是帶著風險的。如果說的是你個人的經驗，你就要判斷，受助者是否能夠處理你說的東西。要記住，保密是你的承諾，卻不一定是受助者的。你向受助者披露自己許多年前的一段戀情或以往喝酒的習慣，這可能會對輔導有用，但這消息大有可能會很快在會友間傳開。同樣重要的是，如果你把過去的一位受助者的經歷說出來——即使那是過去了的事，發生在一個遙遠的牧區——那有可能會違反保密的原則。我總是把我所陳述的個案改頭換面（就如我在本書裏的做法），並讓受助者知道，所說的個案是經過改頭換面的。即使是這樣，我也只是在一個條件之下才作出這樣的分享：當我相信我和受助者的輔導關係已到了一個程度，他們會信任其機密性。

有些人會不尋常地開放，樂意與人分享他們在離婚或孩子離世上的掙扎，並不介意別人把他們的故事向那些正經歷類似事情的人述說。（他們甚至會提議，親自跟某個正在經歷相同事情的人談談。）這樣的自我披露，好處是：這會讓受助者認識到，原來別人也經歷過類似的事情。這樣做使廣大的社羣知悉輔導的過程，是一種十分奏效的方法，讓鼓勵行動的對質得以發生。

同理心是一切牧養輔導的重要基礎。然而，若要縮短處理個案所需的時間，牧者所需要的就不只是同理心，而是要更進一步。對質刺激受助者的成長，挑戰他們認真地看待一些他們還沒有正視的議題。無可否認，對質並不是人人合用的——不論就牧者或就會眾來說。它可以被濫用；然而，在一個純熟的牧者手中，它是一件令人印象深刻的工具，可加速輔導的過程。

10 抑鬱與認知重構

抑鬱是精神與情緒失調中的流行性感冒。根據美國國家精神健康研究所（National Institute of Mental Health）最近一項研究顯示，在美國，年齡介乎十八與七十四歲的人口之中，有百分之十五有明顯的抑鬱問題。事實上，在一間精神病醫院的所有住院病人中，有百分之七十五說，他們之所以需要接受治療，部分原因是因為抑鬱。因為抑鬱來襲的時候最常是在成人階段——此時職業對病人來說是重要的，而且孩子還在養育階段——抑鬱不但影響個人，它對婚姻、家庭、教會甚至社會也有很大的影響。

抑鬱也可以是靈性上的失調。基督教神祕主義者所形容的「心靈黑夜」，似乎跟現在所謂的「抑鬱」相類同，雖然頗不一樣。感覺神缺席、對宗教儀式有疑惑，感覺宗教儀式失去意義，這些都與抑鬱的很多癥狀很類似。雖然如此，看來相似的情緒卻導致不同的結果。一方面，對於患抑鬱的人，抑鬱導致與重要他人（significant others）的關係出現混亂；另一方面，對於基督教神祕主義者，他們最基礎的關係，即他們與神的關係，也被改變了。

對於抑鬱作為一個靈性問題，要獲得更多亮光的話，可研究一下所謂七宗罪之一的懶惰（*accidie*）這個惡習。*Accidie*一詞歷經多個世紀，其意義也經歷了很多的改變。它最初是用來描述一些只影響獨住的修士的東西；到了中世紀，它被應用在所有基督徒身上。

Accidie，據埃及沙漠修士的理解，是一種習慣性的憂鬱，影響他們與上帝的關係。這關係以及宗教習慣上的腐壞，經常令有關的修士迴避克己禁慾的修為，令他們感到一種普遍的怠倦，或終日昏睡，或最終逃避社羣，有的時候逃避教會。

神祕主義者所描述的「心靈黑夜」或禁慾主義者所描述的*accidie*的狀態，並不只是某個年齡或全時間的修道士的問題：它們是人類共有的經驗。

在有記錄的歷史的各個階段，我們可以找到關於抑鬱和對它的成因的解釋（心理上和環境上的）的描述。約伯記講述一個男人的深度憂鬱。約伯在他深深的絕望之中，想像不到他的人生會有任何改善。他把對父母的憤怒轉到神身上：「神的驚嚇擺陣攻擊我。」（伯六4）他描述他的痛苦：「我的眼睛因憂愁昏花；我的百體好像影兒……我的日子已經過了，我的謀算、我心所想望的已經斷絕。」（伯十七7~11）

平均來説，在任何一年之內，教會裏每一百個成年人就有十五個感到某種形式的抑鬱。一個抑鬱的教友能經驗盼望嗎？抑或是，他／她只能體會絕望？抑鬱是不是相當於缺乏信心，因此也相當於犯罪了？當牧者説到信、望、愛的時候，患抑鬱的人（他／她對神、對別人或對自己都簡直沒有信心，缺少盼望，又感到好像沒有人關心）怎麼能夠從牧者的話語中找到意義？再説，一個患抑鬱的牧者怎麼能講説信心和盼望呢？（欲知有關抑鬱的較全面的討論，以及除了認知重構以外的介入方法，參看Stone 1991）。

抑鬱與認知

抑鬱影響人們（其中有教友和牧者）生活的各個方面，所影響的其中一個範圍是思想，抑鬱傾向扭曲和曲解現實。亞龍．貝克（Aaron Beck 1967, 255～261）在説到一個抑鬱者三個主要的失常的思想模式時，提出一個區分抑鬱的有用建議：以特異的方式來看事件、自我和未來，或「基本的三角」。

患抑鬱的人總是從負面去詮釋事件，認為他們與世界——及與上帝——的相互作用是被打敗、被輕視、被遺棄和被剝奪的；與人們中性或甚至正面的交往都被看成是失敗。從認知上説，患抑鬱的人所評價的自我比他們沒患抑鬱時的價值較低（自尊較低）。他們普遍縱情於埋怨自己或埋怨別人，以及多方面的自我批判，通常隨之有罪疚。和別人比較之下，他們覺得自己有所不足。他們又傾向於優柔寡斷，可能會花大量時間在嘗試作出抉擇上，經常要找最完美的出路或惟一正確的路徑。他們從負面的角度看未來，感到無望地被困住了，因為未來所預示的，只是長期的災難和痛苦。對他們來說，時間不能醫治所有的傷口。

這個認知心向有時候可以導致自殺的念頭。假如人生看來是無休止、不會減退的痛苦，又假如這痛苦是由他或她本人的不足所引致的，那麼自殺在他或她看來，就不但是對於自己有益，而且對朋友和家人來說也是有益的做法。

患抑鬱的人在他們認知方面的心理結構上，經驗到一種微妙的轉移。某些思想開始支配著他們，到一個程度他們會從負面來看自己、看他們的經驗和他們的將來。緊隨著這些基本的、錯誤的信息處理過程而來的，是認知上的曲解和錯誤知覺。研究抑鬱的認知組成部分的理論家提出六個典型的方式，描述抑鬱者如何在認知上從負面去曲解他們的經驗（Beck 1979）。這些曲解方式如下：

隨意推斷。抑鬱者所得出的推斷與支持證據相違背，或在沒有支持證據下作出推斷。

選擇性地作撮要。抑鬱者把焦點放在一個無關重要的細節上，忽略了某個處境中更重要的特徵，然後根據這一項細節來看整個處境。

以偏概全。顧名思義，抑鬱者可以根據少數幾個獨立的偶發事件，為他們自己、他們的價值和他們的表現能力下結論。

放大與縮小。抑鬱者不準確地接收事物，倒是傾向於誇大細微的、負面的事件，而把他們的正面成就看成差不多是微不足道的。

個人化。抑鬱者會認為，自己要為一些外在的（通常是壞的）事件負責，但其實這樣把自己與外在事件連在一起是沒有根據的。

非此即彼的思想。抑鬱者的絕對論的、二分法的思想把他們所做的一切歸類為兩個極端之一：完美或有缺陷的、全部或完全沒有的、純潔或卑污的，等等。他們既然永遠都不能被歸入「好的」（完美的）一類，於是就看自己是「壞的」（有缺陷的）。

抑鬱的人大多數都不是從負面去看每一件事的。他們傾向於對某些類別的刺激或觸發物特別敏感，這些刺激或觸發物使他們的負面思想活動起來。認知療法的倡導者之一艾理斯（Albert Ellis）把這些不切實際的期望稱為「非理性信念」（Ellis and Harper 1975）。據艾理斯學派的論理情緒療法（rational-emotive therapy）主張，情緒反應是最後出現的。最先出現的是引發性事件或經驗；接著出現的是個人對引發性事件的評價或詮釋，一般來說是基於個人的信念（包括個人的神學）。最後，這帶來情緒上的反應或結果。舉個例子，假如某人在遭到一個傲慢的侍者嚴厲的拒絕之後發怒，那麼，該拒絕的行動本身不是發怒的原因；真正的原因是那人對該拒絕的行動的想法。

在我們社會的成熟和社會化的過程中，很多人培養出曲解了經驗而且和支持證據相違背的信念。這些信念是認知上的扭曲，因為它們並沒有得到社會環境現實的支持，而是以宗教信念的力量來運作的。艾理斯提出了我們社會中最常見的十一種非理性的信念或想法（Hauck 1972, 31~45）：

1. 每個成年人絕對的來說，必須實際上被他或她的社羣中每一個重要的人所愛或讚許。
2. 一個人如果要看自己是有價值的話，就一定要在各個可能的方面徹底地能幹、勝任和有成就。
3. 某些人是壞的、邪惡的，應該為他們的邪惡遭嚴厲譴責和懲罰。
4. 如果事情沒有按照個人的意願發生的話，那就是可怕甚至是災難性的。
5. 人們之所以不快樂，是由外在的因素導致的，而人們也沒有能力控制他們的憂愁和不安。
6. 如果某些事情是或會是危險或可怕的話，那麼人就應當為之極其憂慮，並且應該一直掛慮著它會有可能發生。

7. 說到人生中的某些困難和責任，逃避它們比面對它們為容易。
8. 人應該倚賴別人；人需要比自己強的人作為倚靠。
9. 個人的歷史對於個人目前的表現是十分重要的決定因素，既然某事曾深刻地影響了個人的人生，現在它當然也應該有類似的影響。
10. 人應該為別人的難題和困擾感到非常煩惱。
11. 人們的難題只有一個不變的、正確和完美的解決方案，如果找不到這個完美的解決方案，就很有可能遭殃。

傳統的神學家批評那些並不關心受助者的神學或信念的牧者所提供的關顧和輔導，他們的批評是正確的。牧者所看見的很多惱人的情緒反應和問題行為之所以產生，是由於受助者**那沒說出口**的神學。很多輔導員都可以講說一些案例，在其中人們對基督教信仰的扭曲（譬如說，誤解罪的觀念，或害怕被一位生氣的神為某些小錯誤懲罰他們）在人們的生命中造成了問題。受助者對很多處境的回應是由他們對事件的了解，而不是由事件本身所決定的。

輔導抑鬱者

認知理論家相信，一種適應不良或令人不安的情緒反應（抑鬱是其中之一），是由於對某個處境作出不加區別的和自動的標籤而產生的。如何按照例如艾理斯所列出的非理性信念去標籤或確認某個處境，也就決定了某種不為人所歡迎的情緒或行為去到哪個程度。

我們不會在現實的生活處境裏刻意把這樣的認知上的曲解告訴自己。反倒是，使我們苦惱的是，這些有害的信念是自動產生的。不少**自動標籤**是在即時發生的，經過多年的慣性反應，也就在我們的察覺之外了。

當一個自稱是抑鬱或表現抑鬱症的許多症狀的人前來求助的時候，牧者一開始就需要辨別，究竟這人是不是真的患了抑鬱，抑或是有其他的情緒結構，又或者，可能是患了身體上的疾病。有關抑鬱的經驗和促使它發生的誘因，有相當程度是因人而異的，所以牧者必須認識到受助者經驗煩躁不安（不適或不快樂的感覺）的特定方式，以及它的成因或使之惡化的是甚麼。

與此同時，具關鍵性的是，要判斷抑鬱的幅度和嚴重程度。憂鬱的人們所感受到的抑鬱是有相當程度上的差異的。大多數人所經驗到的間歇性和短暫的「鬱悶」只維持幾個小時或幾天，並不是抑鬱。這等時刻固然令人感到不舒適，但就範圍和持久性來說，它們的重要性不大。

有些人的抑鬱是那麼的嚴重，以致需要藥物治療和／或住院。然而，牧者所遇到的大部分受助者只是輕微的抑鬱，他們所需要的只是短期牧養輔導，可以用熟練的輔導技巧來處理；處理抑鬱和類似負面情緒的其中一種介入方法叫認知重構。這樣的牧養關顧並不是二流的治療，相反，它正是這類個案所需要的關顧性質。

認知重構

心理學家發明了好些介入方法，以改變受助者在以往所學會的負面認知，及把一套比較建基於現實的新的信念教導他們。一個人怎樣改變另一個人的認知呢？絕不容易！在牧養關顧及輔導方面受過訓練、並且具有神學和哲學背景的牧者，大概是所有助人的專業人士中裝備最齊全，最能使人改變他們的信念的。教會普遍來説早已承認（雖然一九五〇年代的牧養輔導實踐有時候並不承認），我們對未來、對自己、對別人、對世界和上帝的信念，大大地影響了我們如何行動。（認知心理學理論家也承認這一點，只是用非神學的措詞來表達而已。）認知重構是幫助受助者較現實地看世界，改變那些沒有根據的信念、錯誤的想法和期望。它是一個實際可行的介入方法，可以用在短期牧養輔導上；它包括以下幾個步驟：

評估。牧者（和受助者）的首項任務是嘗試了解抑鬱者對自己、對神和世界所抱持的核心的負面假設或錯誤的信念。

教導－學習。第二項任務是幫助抑鬱者改變他們不正確的信念。在這過程中，較容易的部分是暴露認知上的誤解；要重新學習就難多了。藉著解釋人們是如何培養出錯誤的信息處理的機制或非理性信念，可以促進這個教導與學習的過程。

實踐。第三個步驟從教導抑鬱者有關他們負面的錯誤觀念，進到發現自己的實際實踐上：受助者看出本身的非理性思想，然後用較符合現實的方式重新表述它們。他們可能不會立即看出自己在認知上的誤解，有時候甚至好幾天也看不出來。當他們突然被一個抑鬱的巨浪襲擊時，他們最好停下來回頭尋找一下，促使抑鬱發生的誘因，並認出他們那些不現實的、自動出現的思想和信念。

在眾多認知療法的學派中，與它們有關而比較容易找到的幾個作者有：貝克（Beck 1979; 1989）、柏恩斯（Burns 1980）、艾理斯與哈爾柏（Ellis and Harper 1975）及侯克（Hauck 1972; 1980）。本書的觀念取材自這所有的作者，但在此介紹的認知重構方法，是較為倚重論理情緒療法（Rational-Emotive Therapy, RET；按：此法現已易名為「論理情緒行為療法」〔Rational-Emotive-Behavioral Therapy, REBT〕）的。可是，這樣的倚重不應被誤解為是承認RET過於其他方法。

凱倫·白德生（Karen Peterson）正在醫院進行牧養探訪，看望她教會一個剛經歷了一次小手術的會友。這位會友請求她：「請暫停數分鐘，看看在我旁邊的那個男人。他意氣消沉得很，嘗試結束自己的性命。」白德生牧師馬上照著這請求做了。她只用了數分鐘的時間看望阿倫・華登（Allen Waldon），但叫她感到意外的是，他在數月後致電給她，說想要見她。

二十九歲的製圖員阿倫，一走進白德生牧師的辦公室就說，他的妻子離開他改嫁別人了。沒有了她，他感到完全失落，也嘗試過自殺。「不過我不會再次自殺的。我為她的離開感到很可怕，」他說，「我不想要再次經歷它。」

阿倫為人害羞，除了太太以外，只跟一個女子約會過。他是個完美主義者，對自己要求是那麼的高，甚至以為，沒有人——特別是女人——會想跟他談話，更不要說與他共享一個晚上了。他想像不到有人會想跟他在一起，因為他認為自己是那麼的沒趣味。

評估

阿倫和白德生牧師所面對的頭一個任務是評估。他們二人要共同判斷，困擾著阿倫的是哪些認知上的誤解和扭曲的思想。白德生牧師先向阿倫解釋，非理性思想如何能導致痛苦的感受和行動，然後她請阿倫讀侯克的《克服抑鬱》（*Overcoming Depression*, 1973）一書。

短期牧養輔導嘗試把受助者牽涉入評估的任務之中，並使用家課。家課對認知重構尤其有用，因它幫助受助者自行判斷，他們有哪些非理性念頭或認知上的曲解。他們可以在面談與面談之間閱讀一本書或一本書的若干部分作為家課。牧者或可把書交給受助者，一邊說像以下的話：「你為自己診斷。讀了這書本以後，對自己作出評估，判斷哪些是使你苦惱的非理性思想。要承認你若干的非理性信念可會是不容易的，事實上，那可以是完全令人為難的；但你愈讓自己誠實，你就愈快使你的問題得到某程度的紓緩。」

關於阿倫的個案，他在第二個星期再來，提到艾理斯所列出的十一項非理性思想（見上文），他說：「我有第一、第二、第四、第五和第七項。」談了一會兒後，白牧師提出，阿倫可能也受第八項所困。他承認有這個可能：「我想過這一項，但要一個男人承認自己或許是需倚賴他人過活的，是一件難事。我想那可能是因為我害羞。」

教導－學習

在最初的評估過程之後，接下來的任務就是幫助受助者改變他們的信念或他們在認知上的信息處理錯誤。這是認知重構的核心。對於某些人來說，這是一個簡單的過程，只需要一兩次面談就夠了；但對於其他人來說，這是一件費力的工作，需要較多時間。就阿倫的個案來說，他的痛苦是大的，而他也頗願意勇敢地面對自己的非理性信念。

可以用的認知重構方法有許多。在某些情況下，只用一個方法就足夠。在其他情況，牧職輔導員可以發揮他／她的創造力，好以各種策略來配合受助者多方面的需要。一個像艾理斯的論理情緒治療師，可能要勇敢而冷靜地面對並直接挑戰受助者的非理性信念，直到他們對世界有一個較現實的看法為止。這樣的治療性面談可以是富爆炸性的，輔導員和受助者偶爾會以言語互相攻擊。這類型的對質需要配合相當程度的敏感性來使用（關於對質，見第九章）。雙方一旦建立了良好關係，輔導員就可以用較多的對質和挑戰技巧。這種認知重構並不適用於每一個人，因此不是對所有牧者來説都合用的。它也不是我的首選。

阿倫的自信心似乎不夠，不適宜用這樣一個正面交鋒的手法。白德生牧師認為，對阿倫使用認知重構的一個較佳的方法是，先向他解釋過程背後的理論——一個人的信念如何決定了他或她的情緒——然後檢視艾理斯的十一個非理性信念（或柏恩斯的有關認知的十種曲解，參Burns 1980）。

用大量例子來識別不正確的假設或信念，是對受助者有益的。讀者可以從書目所列出的書本選用一些實例，又或，更好的做法是，從牧者或受助者的生活中選取一些個人經驗。白德生牧師在處理阿倫的個案時，忽然想起一個有效的例子。她説：「想像兩個學生在上美術課，學習人體素描。當他們二人都在畫架旁邊埋頭苦幹時，老師在房間內巡視，給他們一些評語，以幫助學生們在這艱難的技藝——人體素描——上有所改善。其中一個學生心裏想，她很高興，這位老師提出很多批評，那麼每個學生都可成為更優秀的畫家。她又相信，老師給他們評語，表示對她的作品有興趣。而另一個學生呢，當老師走近他的時候，他就憂慮起來。他想，老師是太嚴苛了，他應該只跟學生説正面的話，好鼓勵他們。好了，既然那位教師對所有學生都一視同仁地給與評語，那麼兩個學生之間的分別是甚麼呢？」

白德生牧師的手法是一個教導的過程。教導可以是有幫助的，因為它常常能使受助者看見，非理性思想是如何引致情緒上的動盪。我認識一個輔導員，他採用視覺教材，不過多少是以一種冒險的方式。在輔導的時候，他會把椅子往後一轉，從桌子的抽屜裏拿出一條橡膠蛇來，把它丟在受助者旁邊的地上。受助者會跳起甚至尖叫起來。輔導員就向受助者展示，那蛇是橡膠造的。他解釋說，我們對某項物件的感覺，很在乎我們對它的想法如何；那就是說，到底我們認為它是一條橡膠蛇或一條真蛇。儘管我不推薦大家用這個方法，但它有效地說明了，牧者在解釋這些原則時所能用的那種創造力。

在學習的過程上，牧者需要展示理性的思考和理性地重新評估的過程。儘管在牧養教會的所有環節上都可以這樣做，但特別是在輔導的職事上就更可以。例如，白德生牧師跟阿倫分享，她在應付困難處境上的一些有效和無效的方法，以及她的信念是如何影響了這些方法。她全心全意地相信她在設法幫助阿倫取得改變（改變他的非理性信念）的這件事；如果她不是全心全意地相信的話，她的成功率就要大大地降低了。

實踐

認知重構的焦點不久就需要從教導受助者有關這個過程進到實踐它。白德生牧師告訴阿倫，他現在需要識別自己的非理性思想，並就它們作出反思。白德生牧師鼓勵阿倫多實踐和做家課。

我跟受助者説，他們幾時發現自己心緒煩亂或感到抑鬱，或出現一些有問題的行為，他們就應該即時停下來，找出那促使行為發生的線索或誘因。他們要問自己：存在於我的問題的根源的是甚麼非理性思想？有甚麼沒說出來的假定導致這情緒的產生？我沒經批判地不斷告訴自己的是甚麼？白德生牧師在輔導中給阿倫的衝擊如下：

牧者：回想一下你在上個禮拜五告訴我的那件事；當時你想邀請你在工作間的一位同事下班後約會去，但你變得煩惱起來，因為你始終沒有邀請她。你記得這件事嗎？

阿倫：這種事我做過嗎！要是繼續這樣子下去的話，我就永不會跟人出去交際了。

牧者：好。試試回想一下，並問你自己：「我在告訴自己甚麼，叫我覺得那麼難過？」

阿倫：〔稍停〕喔，我感到難為情。

牧者：嗯，你一定是感到難為情的。可是你在告訴自己的是甚麼？

阿倫：我不知道。〔稍停〕我想不起來了。

牧者：我知道你是在告訴自己一些事的——大概不是「她恨我，所以我做不到」，但總是類似的話。你想像自己當時在告訴自己甚麼，以致你不敢邀請她，造成你的焦慮？

阿倫：〔稍停〕我推測我是在想，她會說不。〔稍停〕……

牧者：對！你想她會說不，那就……

阿倫：那就會很可怕了。

牧者：真的嗎？

阿倫：真的……嗯，不〔稍停〕……如果你認真地想想的話。我會不喜歡它，但那不會是很可怕的。〔稍停〕但那不過是自從我上中學以來，我沒做過那樣的事。

牧者：我想你開始明白了。再次，我想你問問自己：「我在告訴自己甚麼其他的非理性東西，使我無法接近她？我怎樣阻止自己邀她外出？」

要幫助受助者發現他們正在告訴自己的那些有問題的東西，是需要時間的；這有問題的東西就如阿倫的「那就會很可怕了。」注意，白德生牧師對阿倫在探索之間所作的觀察給予積極的反應——每當他嘗試識別一個非理性的句子時，她都稱讚他。正面的強化是重要的。如果人們感到他們是在進展之中，正如牧者的稱讚所暗示的，他們的處境看來就不會是那麼的接近無望了。因此受助者被教導去把任何煩擾或偏離正軌的行為看作是一條線索，由此覺察到自己的操作可能是出於不現實的信念或期望，他們需要在原有的跑道上停下來，搜出他們一直在告訴自己的非理性東西（他們認知上的曲解），並以一些建基於現實的思想來取代之。

可是有的時候，牧者可以故意唱反調，或扮演相反的角色。某一刻，阿倫看來頗抗拒改變，白德生牧師說：「我們來試試一些不同的東西。」她一邊站起來一邊說：「我們來調換椅子。你做牧師，我做你。」趁著阿倫還沒有考慮（更不要說抱怨）的機會，白德生牧師已在講說她認為是在他的思想裏的非理性東西。忽然之間，現在扮演牧師的阿倫多了一項任務，就是要駁斥這些非理性的東西。當我運用這個技巧時，我經常用誇張法。我用盡可能尖銳的方式來表述這些非理性句子，好讓受助者盡可能清晰地看見自己的立場。對某些人來說，這種調換角色的做法可以帶來透徹的頓悟。

起初受助者不常恰當地捕捉到線索，阿倫也不例外。面談之後兩天，他有一次遲來的「啊！」的經驗，因他忽然看出，他之前感到煩惱的理由，以及那使煩惱產生的線索實際上是甚麼。我通常跟受助者說，他們或者不會馬上看出這些線索，那起初或需要幾天，然後也許幾個小時，然後，惟有經過相當的練習之後，他們才會開始即場捕捉到線索。不過到最後，一旦有了足夠的經驗，能夠捕捉線索並把扭曲了的思想和錯誤的信息處理過程，換上建基於現實的思想和信息處理過程，問題就會減退或甚至消失。

認知重構是談話之內的施與受，目的是幫助受助者發現他們在認知上是如何地扭曲了現實，並且把他們的非理性信念換上正確的了解。

其他認知重構的方法

還有其他短期牧養輔導的方法，是有助受助者改變思想的：思考中止法、憂慮時間、斥責法、另類選擇法、重新歸因、行為預演、意象法、書籍療法和屬靈導引。以下概述幾個較有用的方法（亦參Stone 1988; 1991）。

另類選擇法

這「另類選擇法」（“the alternative technique”）對那些有系統並負面地在他們對刺激和事件所作的一切詮釋上帶著偏見的人尤其有用。牧者向受助者闡述，人們所作的某些較常見的、在認知方面的信息處理上的扭曲，雙方討論受助者生活中的特殊經驗。之後雙方一起就事件建構一些跟早前扭曲了的詮釋有所不同的解釋。抑鬱者的任務是承認他們負面的偏見，以有關他們的經驗較準確的詮釋來代替這些偏見。這個技巧可作為問題處理的基礎；受助者根據對情勢的新的詮釋，考慮並使用一些處理問題的另類方法。

重新歸因

重新歸因（reattribution）是多少與另類選擇法相似的介入方法，它幫助抑鬱者正確地把發生在他們身上的負面事件歸因或怪罪於某一方。受助者與牧者攜手，運用邏輯學的法則和常識、以及健全的倫理觀，剖析他們生活中各式各樣的負面遭遇，找出在現實中真正應當為這些負面遭遇的發生而負上責任的人。這樣做的目的，並不是要免除受助者的責任，而是要留心可能導致不好的處境的許多因素。

重新歸因起到卸除自責的作用，它搜求援救有問題的處境的方法，避免重蹈覆轍。它能夠幫助受助者為**真的**罪疚和**真的**罪過承擔責任，但不會讓受助者為想像出來的罪怪責自己。在使用重新歸因的方法來處理重大的負面事件（例如離婚）之後，接著可以使用認罪、宣赦、解除責任和對人生進行修正等傳統的牧養關顧方法。然而，牧者要提防費爾查德（Roy Fairchild 1980, 33）所說的、很多基督徒所追求的一個危險的模式：「〔抑鬱的人〕從感覺罪疚轉移到贖罪，嘗試藉著撫慰和順從、過度工作、不給自己享受，以及蓄意損害自己或明顯的自我毀滅來達致贖罪的目的。」

教會近期輕忽罪的嚴重性甚至對罪加以漠視的趨勢（Capps 1993）——有關某些全球性的社會議題的罪除外——對抑鬱者來說是重大的損失。大多數抑鬱者感到他們是真正有罪，是真的犯了錯的（確實，他們是真正有罪，真的犯了錯）。那不怎麼相信罪或太容易給與恩典的牧者，並沒有認真地看待抑鬱者或他們的經驗，任由他們獨個兒與折磨他們的罪疚格鬥，使他們得不到屬靈導師的幫助。

行為預演

在行為預演（見第七章）中，受助者只是把叫人感到可怕的情景先做一遍，就是在受助者在真實的生活中遇上該情景之前，在與輔導員面談之時先扮演一番。阿倫．華登的牧者可以請他練習一下邀請同事外出吃晚飯的情景。由白德生牧師先為行為預演作出鋪排。首先與阿倫一起檢視該幕情景，然後提出，當阿倫把該幕情景重做一遍時，他要大聲說出任何浮現出來的扭曲了的思想，馬上用一些建基於現實的思想來取代它們。牧師還可以跟阿倫說，她會有的時候作他的他我（alter ego），大聲說出一些他可能在想著但沒有說出口的東西。他要把她的說話融入他本人的思想之中，反駁她所作的任何非理性的言論。在重演該情景的時候，白德生牧師也可以扮演同事的角色，又或，讓阿倫一人扮演兩個角色。

就認知重構的行為預演而言，彼此的談話不及受助者的思考過程來得重要，因為目標是要改變任何認知上的曲解或沒有基礎的信念。行為預演對短期牧養輔導的好處，是它強調受助者在輔導面談之時所出現的認知上的扭曲。所以，談話本身並不是關於一件過去的事，而是關於目前。

有一點關於行為預演的重要提醒：受助者不應過早承擔一些太令人感到受威脅的情景。如果有可能是這樣的話，牧者就需要放慢進度，編列出一張按難度遞進的清單，其中列出可以在著手處理那令人煩惱的事件以前，可供練習的、壓力較小的情景。就阿倫的個案來說，因為他已經熟悉他的同事，一項較容易或較不令人感到受威脅的預演會是：只是在她的桌子旁邊停下來打個招呼。可以在預演邀她外出約會的一幕以前，先練習這一幕數遍。假如連這個也感到煩惱的話，那就要嘗試一幕更不令人感到受威脅的情景，那可能會是：只是在腦海裏想想，明天要跟她打個招呼。

想像

想像作為短期輔導的一種介入方法，對抑鬱的人來説，往往比行為預演更有益。那大底就如在指導之下作白日夢（見第六章）。例如，阿倫只要想像一下，而不需要實際上邀請那位祕書出外約會或甚至練習預演一下；他只要閉上眼睛，當事件正在發生一樣作出摹想。當然，作白日夢和想像之間的主要差別，是與開口説話有關的：在想像之時，受助者得到指示，要把一切發生的事大聲地説出來，他／她還要用説話表達隨之而有的感覺和所想到的思想。

受助者想像自己經歷某項活動所包含的一切步驟，然後跟牧者討論，當實際上從事該項活動時所可能產生的障礙和潛在性的衝突。他們要説出所想到的一切非理性的思想，並試圖加以矯正。牧者並勸受助者，要特別注意每一個細節，然後為在現實生活中實踐該項活動制定策略。受助者要把該項活動多想像幾遍， 好發現其他認知上的曲解，並開始習慣從事該項活動所需要的按部就班的過程。牧者要知道，頗為抑鬱的人會在專注上有困難，因為他們的思想會遊蕩；如果情況是這樣的話，就需要耐性和溫柔的鼓勵。

書籍療法

改變認知的最後一種短期牧養輔導介入是書籍療法，即是閱讀。好像侯克（Paul Hauck）的《克服抑鬱》（*Overcoming Depression,* 1973）、《克服憂慮與恐懼》（*Overcoming Worry and Fear,* 1975）和《克服挫敗與憤怒》（*Overcoming Frustration and Anger,* 1974），艾理斯（Albert Ellis）的《理性生活新指南》（*A New Guide to Rational Living,* 1975），柏恩斯（David Burns）的《感覺良好》（*Feeling Good, 1980*），和貝克（Aaron Beck）的《愛永不嫌多》（*Love Is Never Enough,* 1989）等書，都是寶貴的資源，特別是那些有著和這些書所處理的問題一樣的情況的人，更應該讀。

阿倫和大部分的受助者一樣，在《克服抑鬱》一書內遇到和他自己的情況相似的兩個處境。他學得快。他又像許多人一樣，看出自己在認知上的扭曲，因而得著情緒上的紓緩，一旦他在這方面取得了若干程度的成功，他就斷然地脫離了他從前的思考方式。阿倫新的思考和行動的方式是自我強化的。當他終於鼓起勇氣邀請他的同事外出時，她真的拒絕了他。阿倫為他的被拒絕感到窘困，但是，藉著運用他已經學會的原則，他在情緒上是處理得那麼的妥當，他有了進一步的信心去面對新的處境，結果，在與其他女性相處上，他也有進一步的信心去取得若干程度的成功。

抑鬱通常不會蠢蠢欲動、進行外向攻擊、打斷課堂或打劫銀行。它較可能是靜靜地坐在一角，不想令人討厭。因為它是靜靜的，它經常不為人所留意，直到它的沉默變得強而有力，工作表現下降、遁世的行為、婚姻問題甚至自殺的念頭變得明顯，才為人所注意。

認知重構的方法適宜用於短期牧養輔導，可用來處理廣泛的問題，包括抑鬱。它們的效用可以為時甚久。認知重構特別適用於由牧者進行的輔導，因為牧者的神學視野和團體性的背景，加強了他們對思考、立場和信念等基本事情的興趣和關注。

11 焦慮和緊張與鬆弛訓練

現代生活充滿著危險。都市叢林、市郊以及逐漸地甚至鄉村地區，都為我們帶來一些我們在其中體會到威脅和攻擊的處境。我們對這等處境的反應，使我們返回我們的起源。大底就如舊石器時代居住在洞穴裏的人類，當遇到野獸潛近或攻擊時，我們整個系統即時有所反應。腎上腺素被注入我們的血液中，流到身體受控制的各個部分，給我們行動的力量；心跳加速，肌肉拉緊，身體作好準備，預備與外來的威脅來一場爭鬥或趕快逃命。

人類的身體奇妙的地方，不論是古時或現在，在於無論該種危險是一隻野獸、是在繁忙時間闖進我們的行車道上的一輛車子，或是一封來自稅局查帳員的信，這來一場爭鬥或趕快逃命的反應——這個對危險所產生的即時反應——都會發生。但是，人類在石器時代的原始森林裏，如何處理這些來一場爭鬥或趕快逃命的處境，跟我們現在如何處理它們之間，有一點重要的分別。在古時，人類實際上會爭鬥或逃跑，因而耗盡血液裹的腎上腺素；而在現在呢，當威脅過去之後，我們的心可能會劇烈跳動一陣子，前額的靜脈會悸動，但我們沒有運用過我們的肌肉，也沒有把腎上腺素耗盡。

當我們生活中的危險和壓力增加的時候，我們的身體趨向處於一個底水平的覺醒狀態，時刻準備採取行動。這個緊張的狀態就是慣常被稱為**焦慮**（anxiety）或**緊張**（tension）的狀態。我們沒感到劇烈運動之後那種舒暢的疲憊不堪的感覺，反而感到精力耗盡、腸胃打結、腦袋在砰砰跳。我們晚上睡不著覺，又或，別人的言語或行動很快令我們急躁起來，我們不能像遠古的祖先那樣來一場爭鬥或趕快逃命，反倒與那些造成焦慮的處境朝夕相對，吞服抗抑鬱藥物、喝啤酒，或在電視機前面麻醉自己，藉此逃避。對今天這個狂熱社會的許多人來說，焦慮是一個常數，是一個生活方式。雖然如此，某些處理焦慮的方法總比其他的方法合宜。

關於焦慮的一宗個案

瑪杜蓮・貝魯士（Madeline Perez）不像她的朋友那樣酗酒，她為此感到高興，然而她知道必須為自己的神經過敏有所行動，因牙科醫生告訴她，她經常「磨牙」，並暗示她可能需要為此尋求某些人的幫助，因為「那可以是由情緒導致的」。那確實是由情緒導致的；瑪杜蓮早就知道出了問題，但她一直害怕面對它。而且，她是那麼的忙。事實上，忙是她的問題的一部分。

瑪杜蓮的丈夫米克（Mike）在海軍服役七年後，決定不以此為他的終身職業。他返回校園，而瑪杜蓮就得工作。那對他們二人來説都不容易，對他們兩個學前的孩子來説也是不容易的。米克似乎一直在唸書，加上差不多全時間在工作。瑪杜蓮替一個暴君似的上司擔當祕書，她憎惡在辦公室裏工作，但她説：「我能夠做的就是這麼多，而且，薪水也不錯」。她最感厭惡的一件事是把兩個女兒送進幼兒園。她總是想，孩子還小的時候，母親應該留在家中。她感到內疚。

瑪杜蓮時常都緊張。她經常出現緊張性頭痛，也為此服藥；她厭惡服藥，但看不見出路。也許她還沒有來到真正山窮水盡的地步，但瑪杜蓮曉得，是時候要採取行動了。她第一個念頭是打電話給史滔柏牧師（Pastor Stuber）。她過去曾批評他做太多輔導而沒有盡教會的職責，但她知道他是個優秀的輔導員；她在成人班裏的一個朋友已向她保證這一點。

當瑪杜蓮和史滔柏牧師對她不同的問題進行檢視之後，他們發現可能與焦慮有關的好幾個項目：

- 磨牙
- 緊張性頭痛
- 失眠

- 疲勞
- 感到四面受壓
- 為兩個女兒接受托兒服務感到內咎
- 缺少丈夫的支持

瑪杜蓮的個案用上了短期牧養輔導的三個方法。首先，牧師幫助她理清自己的思想，讓她覺察到她令自己難過的一些方式（認知介入，在第十章討論）。史滔柏牧師於是藉此幫助她處理與兩個女兒有關的罪疚和焦慮的感覺。他分享一些新近的研究結果，顯示在小組托兒的環境下成長的孩子，往往比單在家裏養大的孩子進步較快，在學習和在人際關係上培養出更多的技巧。

第二，瑪杜蓮和牧師一同把處理問題的方法應用在她的處境上，尋找一些可以簡化生活、減少造成壓力的刺激的方法（處理問題，在第三章討論）。瑪杜蓮決心要幫助丈夫取得學位，但史滔柏牧師也提出一點：她要尋找一些途徑，「為瑪杜蓮做些甚麼」。她打算與鄰居交換托兒服務，好讓自己與丈夫二人間中能在山上渡過周末，享受露營的樂趣；她也估計，或者可以負擔得起，一星期有一次與她在辦公室裏的同事上館子，享受一頓美妙的午餐。她還作出其他幾方面的改變，以簡化生活，讓自己享受更多輕鬆的時間。

眼前的問題仍是，瑪杜蓮太焦慮了。史滔柏牧師認為，第三個方法——**鬆弛訓練**（relaxation training）——會有助解決這個問題，而他們的面談時間有不少是花在這一點上的。在米克離開海軍以前，瑪杜蓮一直有參與教會的一個清晨祈禱小組，但在她重新投入工作之時就停止了。

最近，在該祈禱小組裏，史滔柏牧師採用自生訓練（下詳）來幫助組員放鬆，以及幫助他們集中思想，聚焦於他們所掛念的事情。他提議瑪杜蓮重新加入該組，每天早上按編定的時間更新每天的靈修生活，同時讓丈夫來照顧孩子；在這編定的時間裏，她也要實踐自生練習。

在第二次面談的時候，牧師帶領她做鬆弛練習，把他的說話用卡式錄音機錄下來。（他自己製作錄音帶，給她一盒，但是她也可以使用到處都可以買到的現成的錄音帶。）瑪杜蓮很快就投入這些練習和每天在家裏的靈修時間。她留意到自己在睡眠上的即時轉變。到了下一次面談，她雀躍地說：「這是自從我重新投入工作以來頭一次享受到的安眠。」至於她的頭痛，她需要稍長的時間去覺察到對它的影響，至少四個星期以後，她頭痛的頻率才大大地減少了。即使是在輔導完結了以後，她的緊張一來的時候，她最先覺察到的症狀就是頭痛。鬆弛訓練的其中一個好處是，受助者對自己的身體培養出一種敏感度，他們的身體常常在他們以別的途徑注意到之前就發出信號，表明出了某些問題。

鬆弛訓練

如何著手訓練人放鬆呢？我們大多數人都有過這樣

的經驗：刻意地要平靜下來，只是到最後比之前還要緊張。如果史滔柏牧師勸瑪杜蓮「只要放鬆」，那麼如果她做不到的話，她就會加添一種挫敗，引來更大的緊張和焦慮。

不論從醫藥或從心理的角度來看，這都是明顯的：對於某些人，學會放鬆身體對減少情緒壓力是有幫助的。如果配合認知重構的若干步驟（例如第十章所討論的），這些鬆弛方法就更加有益了。

人腦有一個回饋系統，那包括了肌肉中的緊張感應器。當懼怕觸發需要的時候，這些感應器就向肌肉發出信號，使肌肉緊張起來，準備隨時有所行動，就如居住洞穴的人遇到野獸，或在高速公路上駕駛的人遇到一輛切線的車子那樣。不幸的是，在現代社會的大多數情況下，都不需要肌肉方面的行動。一旦焦慮和肌肉緊張持續的話，腦裏的控制中心就會像溫度計一般，肌肉緊張度在可容忍的範圍內被調校到愈來愈高的水平。肌肉愈緊張的時候，思想上就會保持憂慮，而這憂慮又會觸發更強的肌肉緊張。這個惡性循環是可以打破的，方法之一是改變我們對誘發焦慮的情況的想法，這會減少肌肉緊張；方法之二是我們可以受訓學習放鬆，這可以解除身體肌肉的緊張，因而紓緩受困的思想，使焦慮平伏下來。理想地說，短期牧養輔導兼顧兩者，一方面訓練會友學習鬆弛方法，另一方面幫助他們處理認知上的扭曲，在他們的環境裏作出不一樣的抉擇，好降低壓力發生的可能性。

鬆弛方法適用於甚麼時候

甚麼類型的人可從短期牧養輔導的鬆弛技巧得到幫助呢？簡單的答案是，差不多每一個被這種或那種憂慮所困的人都可以是這個療法的人選。不過，某些處境會使得這些方法比其他方法更適合或更有果效。

因為焦慮和鬆弛差不多總是成反比——就是說，一方增加，另一方就會減少——鬆弛方法可以對各種失調包括**身體上的**緊張有幫助。患有偏頭痛或緊張性頭痛、潰瘍、換氣過度、腸胃失調和腰背痛（特別是那些經醫生斷定是由於緊張而不是由於生理導致的病症），都可以藉著鬆弛方法得到幫助。鬆弛方法對那些經常磨牙、失眠和患有某些性功能失調例如男性的陽萎和女性的高潮前性問題的人也很有益。

鬆弛方法對於**情緒**和**人際**方面的問題也有助益。它們對那些患有恐懼、廣泛性的憤怒和在工作上表現緊張的人有用。我發現多種家庭關係被轉化了，例如，當夫婦其中一方把工作上的緊張和壓力帶回家，而另一方經過整天應付幾個學前兒童之後，樂意隨時離家一會兒，鬆弛訓練使這對夫婦準備好去忍受二人的相反需要所帶來的挫敗，使他們對一天的難題應付得更好，並且在每個傍晚重新進入家庭關係中，少些口角，有較大的互相諒解、彼此支持的機會。

強迫性或憂慮的思想可以導致更多的焦慮或伴隨著更

多的焦慮而來。這類思想可以是由於害怕一些外在威脅，或害怕一些心理上或生理上的傷害而有的。舉個例子，某人將要在銷售會議上講話，她可能害怕會忘記要說的話。某人到一個擁擠的劇院去看話劇，他可能會害怕在話劇中途得找個廁所。這些焦慮可以變成強迫性的，會引起生理緊張，繼而觸發更多的強迫性思想和恐懼。它們也可以導致個人採取逃避的措施。鬆弛訓練把強迫性思想平靜下來，清除有傷害性的思想，幫助人較少傾向採取逃避的行為。

相反，不能從鬆弛訓練得益的人，就是那些由於身體或精神上的理由，無法進行練習的人。患有多種恐懼症或有嚴重焦慮的長久歷史的人也不會是鬆弛訓練的人選。此外，因為焦慮有時候可以是抑鬱的掩飾，故此當焦慮的程度降低時，抑鬱就會變得明顯。如果懷疑受助者患有抑鬱，牧者就必須在試圖減少受助者的焦慮之前謹慎從事。

有幾種身體上的失調有著和焦慮相似的症狀，譬如陣發性的心動過速、血糖過少和停藥（Kennerley 1990, 14~15）。雖然為這些疾病進行診斷並不在牧者的權限之內，但一旦懷疑受助者有這些身體上的毛病，適當的做法就是轉介給家庭醫生。

如果焦慮明顯是一個更大的難題，譬如婚姻問題的次要症狀，鬆弛訓練會是有用的，但同時也需要採用其他方法，作為主要的介入方法。

鬆弛方法

焦慮的受助者可以在短期牧養輔導期間受訓練去放鬆，要做到這一點有好些途徑：漸進肌肉鬆弛法、自生練習、生物回饋療法、催眠和自我催眠、瑜伽，超覺靜坐、心肺運動（譬如緩步跑）、控制呼吸、默想和禱告。這些方法之中，有的只是勉強有點兒幫助，但其餘的就毫無疑問地適用於牧者的工作。在此討論三種很有果效的鬆弛練習方法。

漸進鬆弛

漸進鬆弛法（progressive relaxation）先是由芝加哥大學的醫生雅寇伯生（Edmund Jacobson）所創（Jacobson 1974），但沒有廣泛被採用，直到一九五〇年代沃帕（Joseph Wolpe 1964）在他的工作上採用它，情況才有所改變。

以下是漸進鬆弛法的一份稿子，我曾用它來減輕肌肉緊張。（在這個以及後來的練習中，方括號內的字句是可供選擇的字句或是給助人者的指示。）以下字句是由牧者的口中說出的：

> 輕輕閉上你的眼睛或是讓它半開著，採取一種順其自然、被動的態度，讓鬆弛按著它自己的步伐發生。假如你的腦袋遊蕩，出現別的思想，不要擔心；輕輕地讓它們經過，然後平靜地回來做練習。

現在，注意你的身體，從頭到腳看一遍，留意身體的感覺如何。

注意你的右臂和右手，留意它們的感覺如何。讓身體其餘的肌肉放鬆，把右手伸直在你面前，同時讓你的手腕把手拉回來。保持這個姿勢。〔在這個以及下面的環節維持五至七秒鐘〕／感覺一下所造成的緊張……現在把你的手放鬆，把手臂放下來，同時要想像並感覺那緊張正流出去，鬆弛流入。讓你的手臂和手放開、無力、下垂和鬆弛。感覺鬆弛的感覺。

現在，把你的注意力轉移到你的左臂和左手，留意它們的感覺如何。讓身體其餘的肌肉放鬆，把左手伸直在你面前，同時讓你的手腕把手拉回來。保持這個姿勢。／感覺一下所造成的緊張……現在把你的手放鬆，把手臂放下來，同時要想像並感覺那緊張正流出去，鬆弛流入。讓你的手臂和手放開、無力、下垂和鬆弛。感覺鬆弛的感覺。

現在，注意你雙臂和雙手，留意它們的感覺如何。讓身體其餘的肌肉放鬆，把雙手伸直在你面前。現在雙手緊握著拳頭。保持這個姿勢。／感覺一下所造成的緊張……現在把雙手放鬆，把雙臂放下來，同時要想像並感覺那緊張正流出去，鬆弛流入。讓你的雙臂和雙手放開、無力、下垂和鬆弛。感覺鬆弛的感覺。

把你的注意力移到右腿和右腳上，留意它們的感覺如何。讓身體其餘的肌肉放鬆，把右腿伸直在你面前，把你的右腳和腳趾往後拉，朝向自己。保持這個姿勢。／感覺一下所造成的緊張……現在把右腳和腳趾放鬆，把腿放下來，同時要想像並感覺，那緊張正流出去，鬆弛流入。讓你的右腿和右腳放開、無力、下垂和鬆弛。感覺鬆弛的感覺。

注意你的左腿和左腳，留意它們的感覺如何。讓身體其餘的肌肉放鬆，把左腿伸直在你面前，把你的左腳和腳趾往後拉，朝向自己。保持這個姿勢。／感覺一下所造成的緊張……現在把左腳和腳趾放鬆，把腿放下來，同時想像並感覺那緊張正流出去，鬆弛流入。讓你的左腿和左腳放開、無力、下垂和鬆弛。感覺鬆弛的感覺。

現在，把注意力轉移到雙腿和雙腳上，留意它們的感覺如何。讓身體其餘的肌肉放鬆，把雙腿伸直在你面前，同時把雙腳和腳趾向前推。保持這個姿勢。／感覺一下所造成的緊張……現在把雙腳和腳趾放鬆，把雙腳和雙腿放下來，同時想像並感覺那緊張正流出去，鬆弛流入。讓你的雙腿和雙腳放開、無力、下垂和鬆弛。感覺鬆弛的感覺。

現在，注意你的胸部和腹部，留意它們的感覺如何。讓身體其餘的肌肉放鬆，收緊腹部，擴張胸部。保持這個姿勢。／感覺一下所造成的緊張……現在把腹部和胸部放鬆，同時想像並感覺那緊張正流出去，鬆弛流入。讓你的胸部和腹部放開、無力、下垂和鬆弛。感覺鬆弛的感覺。

現在，把注意力轉到你的背部，留意它的感覺如何。讓身體其餘的肌肉放鬆，呼吸要平穩。把肩膊拉向後方，同時輕輕讓你的上背部成弓字形往後彎，讓腹部和骨盤向前傾。保持這個姿勢。／感覺一下所造成的緊張……現在把背部放鬆，同時想像並感覺那緊張正流出去，鬆弛流入。讓你的整個背部放開、無力、下垂和鬆弛。感覺鬆弛的感覺。

現在，把注意力轉移到肩膊、頸部和面上，留意它們的感覺如何。讓身體其餘的肌肉放鬆，提起肩膊朝向耳朵，前臂保持放鬆，輕輕地把頭往後推，同時咬緊牙關，緊閉眼睛。保持這個姿勢，不要停止呼吸。／感覺一下所造成的緊張……現在放下肩膊，讓頸部、牙關、眼睛和整個面部放鬆，同時想像並感覺那緊張正流出去，鬆弛流入。讓你的肩膊和頸部放開、無力、下垂和鬆弛，牙關鬆開、鬆弛，眼睛鬆弛平靜，整個面部柔軟放鬆。感覺你肩膊、頸部和面部的鬆弛感覺。

現在，從頭到腳把你整個身體看一遍，感覺一下你心靈和身體內所存在的美好的鬆弛感覺。

現在，我要慢慢地，從一數到五。數到第五下的時候，請你深深吸一口氣；吸氣的時候，心裏說：「頭腦警覺，十分清醒」，然後張開你的眼睛。呼氣的時候說：「鬆弛過後，恢復活力。」一。來了。二。三。四。五。深深吸一口氣。說：「頭腦警覺，十分清醒」，然後張開眼睛。呼氣，說：「鬆弛過後，恢復活力。」輕輕地伸展一下你所有的肌肉，然後慢慢地站起來，感覺清醒，充滿活力。

要有效地運用漸進鬆弛法，需要為每個受助者有點變化和個人化，要考慮那個人的特殊需要或身體的狀況（例如，背部或頸部的病患）。當受助者熟習了這個方法後，可大大減少對如何放鬆某組肌肉所需要的細節描述。在拉緊肌肉的五至七秒之內，肌肉應該是頗緊張的，但不至於感覺痛楚的地步。起初的時候，不會涵蓋身體的每一個部位，但當受助者因多加練習，技巧變得純熟以後，他們可以按其需要加入身體的其他部位。

自生練習

第二個可以在短期牧養輔導上運用的鬆弛方法，是由舒爾茲與魯孚（Schultz and Luthe 1959）所創的。自生練習（autogenic exercises）不像漸進鬆弛法那樣是透過身體的運動，來達到放鬆肌肉的目標，而是透過精神上的控制。就如漸進鬆弛法的情況，大多數的受助者在頭一次實習時，很有可能是不會做到遍及身體各個部位的。以下是自生鬆弛法可能用得著的一份稿子。

> 輕輕閉上你的眼睛或是讓它半開著，採取一種順其自然、被動的態度，讓鬆弛按著它自己的步伐發生。
>
> 注意你的身體，從頭到腳看一遍，留意身體的感覺如何。深呼吸幾下，讓你的整個身體鬆弛下來。
>
> 現在，只要讓你的呼吸保持自然、平穩。做你環境中的一個被動的旁觀者，為進入你意識中的東西加上標籤。假如那是你聽見的一個聲音，在心裏說：「聲音」。假如那是一種感覺，說：「感覺」。假如那是一種回憶，說：「回憶」。假如那是一種幻想，說：「幻想」。這樣做一會兒〔一分鐘左右〕就夠了。／
>
> 現在，想像你獨自一個人躺在一個溫暖而陽光充沛的沙灘上〔或在後院的水池裏漂浮在一個氣墊上，或在享受一個熱水浴〕，或在其他溫暖而令人鬆弛的環境裏。看自己就在那兒

躺著，平靜、溫暖、舒適，沒有絲毫世界的掛慮。感覺鬆弛的感覺。

注意你的右臂和右手。每次你呼氣的時候，心裏說：「我的右臂沉重〔鬆弛〕而溫暖。」想像溫暖〔鬆弛〕從你的手臂流下來，流到你的手，一直流到指尖。讓你的呼吸保持平穩。現在只要讓你的右肩和右手放開、沉重、溫暖和鬆弛。感覺那種溫暖和鬆弛的感覺。

現在，把注意力轉移到你的左臂和左手上。每次你呼氣時，心裏說：「我的左臂沉重〔鬆弛〕而溫暖。」想像溫暖〔鬆弛〕從你的手臂流下來，流到你的手，一直流到指尖。讓你的呼吸保持平穩。現在讓你的左臂和左手放開、沉重、溫暖和鬆弛。感覺那種溫暖和鬆弛的感覺。

現在，注意你的右腿和右腳。每次你呼氣時，心裏說：「我的右腿和右腳沉重〔鬆弛〕而溫暖。」想像溫暖從你的腿流下來，流到你的腳。讓你的呼吸保持平穩。現在讓你的右腿和右腳放開、沉重、溫暖和鬆弛。感覺那種溫暖和鬆弛的感覺。

現在，把注意力轉移到左腿和左腳。每次你呼氣時，心裏說：「我的左腿和左腳沉重〔鬆弛〕而溫暖。」想像溫暖從你的腿流下來，流到你的腳。讓呼吸保持平穩。現在只要讓你的左腿和左腳放開、沉重、溫暖和鬆弛。感覺那種溫暖和鬆弛的感覺。

現在，注意你的心跳。每次你呼氣的時候，心裏說：「我的心跳平穩。」想像你的心跳放鬆、平穩。

現在，把你的手放在上腹部。每次你呼氣的時候，心裏說：「我的腹部（太陽叢；譯按：位於胃部後方之腹腔內神經的複合體）很溫暖。」想像溫暖流進你的腹部。感覺那種溫暖和鬆弛。

現在，只要讓你整個的身體保持溫暖和鬆弛，讓你的心保持平靜安寧。讓你的呼吸繼續保持平穩，好好享受那現存在你心內和身體之內的那種美好、健康的鬆弛感覺。你這樣做的時候，一面吸氣一面心裏說：「我是……」，一面呼氣，一面心裏說：「……放鬆了〔平靜了〕」。

現在我要慢慢地從一數到五。數到第五下的時候，你要深深吸一口氣。吸氣的時候說：「頭腦警覺，十分清醒」，並且張大你的眼睛。呼氣的時候說：「鬆弛過後，恢復活力。」一。來了。二。三。四。五。深深吸一口氣。說：「頭腦警覺，十分清醒」，然後張開眼睛。呼氣，說：「鬆弛過後，恢復活力。」輕輕地伸展一下你所有的肌肉，然後慢慢地站起來，感覺清醒，充滿活力。

控制呼吸練習

近來，控制呼吸被用作為處理焦慮的方法。控制呼吸練習（controlled breathing exercises）假設了換氣過度（hyperventilation 或 overbreathing）是一個由焦慮所引發並且又使焦慮惡化的問題。呼吸的頻率過高，導致呼出過多的二氧化碳，結果導致鹼毒症（alkalosis）。接下來就有各種感覺，就如頭暈、氣喘、胸痛、出汗和肌肉痙攣（淺的呼吸是壓力下的正常反應，但如果換氣過度持續的話，那就會變得有問題了。）關於換氣過度，肯尼利（Kennerley 1990, 26）寫道：「一個不安與換氣過度的循環被啟動了，換氣過度的徵狀把原來的恐懼擴大了，那可能會導致驚恐發作。」

把控制呼吸這個方法介紹給受助者，先要向他們解釋為甚麼換氣過度引致和增加焦慮，然後要教他們控制呼吸的方法。以下詳述的鬆弛訓練步驟，是根據克拉克等人（Clark et al. 1985）所創，用來幫助人控制換氣過度的徵狀的方法的一種變化。

控制呼吸練習教受助者一套呼吸的規律，這規律是與換氣過度不能共容的。受助者被教導去以每分鐘八至十二次的速度平靜地、有規律地呼吸，並受指示去用橫膈膜而不是用胸部呼吸，從鼻孔吸氣。以下是控制呼吸練習的一份稿子。

輕輕閉上你的眼睛或是讓它半開著，採取一種順其自然、被動的態度，讓鬆弛按著它自已的步伐發生。

注意你的身體，從頭到腳看一遍，留意身體的感覺如何。做你環境中的一個被動的旁觀者，為進入你意識中的東西加上標籤。假如那是你聽見的一個聲音，在心裏說：「聲音」。假如那是一種感覺，說：「感覺」。假如那是一種回憶，說：「回憶」。假如那是一種幻想，說：「幻想」。這樣做一會兒〔一分鐘左右〕就夠了。／

現在你的呼吸應該是和緩流暢的。把右手放在你的胸部，左手放在胃部。用你的橫膈膜而不是胸部呼吸。讓胃部隨著你的呼吸緩緩地升起和下降，胸部保持不動。

吸氣，二、三、四；呼氣，二、三、四、五、六、七、八。吸氣，二、三、四；呼氣，二、三、四、五、六、七、八。吸氣，二、三、四；呼氣，二、三、四、五、六、七、八。吸氣，二、三、四；呼氣，二、三、四、五、六、七、八。吸氣，二、三、四；呼氣，二、三、四、五、六、七、八。〔助人者慢慢地大聲數出呼吸的節奏，一邊注意受助者看來舒不舒服。把呼吸的節奏逐漸減慢至每分鐘八至十二次。〕

繼續以這個速度呼吸，吸氣的時候慢慢數四下，呼氣的時候數八下。記得只用你的橫膈膜，從鼻孔呼吸。這樣按著呼吸的次數數一會兒。〔助人者現在要保持大約五分鐘的靜默，讓受助者練習控制呼吸。如果受助者看來遇到困難，可以提早結束練習。〕

現在，只要讓你整個的身體保持溫暖和鬆弛，讓你的心保持平靜安寧。讓你的呼吸繼續保持平穩，好好享受那現存在你心內和身體之內的那種美好、健康的鬆弛感覺。

現在，我要慢慢地從一數到四。數到第四下的時候，你要深深吸一口氣。吸氣的時候心裏說：「頭腦警覺，十分清醒」，並且張開你的眼睛。呼氣的時候說：「鬆弛過後，恢復活力。」一。來了。二。三。四。吸一口氣，說：「頭腦警覺，十分清醒」，然後張開眼睛。呼氣，說：「鬆弛過後，恢復活力。」輕輕地伸展一下你所有的肌肉，然後慢慢地站起來，感覺清醒，充滿活力。

受助者在開頭的時候會感覺得不到足夠的空氣，但加以練習之後，他們會發覺，他們是能夠把呼吸的速度放慢而感覺安全的。如果他們覺得自己驚慌起來，或不夠信心去控制自己的呼吸，他們可以借助一個塑膠袋子呼吸一段短時期。（指示他們把袋口蓋著鼻子和口，盡量自然地呼吸。）那些難於控制呼吸的受助者有時候會發覺，在開始做練習之前先把他們肺中所有的空氣都排出來，會是有幫助的；在這之後他們通常就能夠深深地吸一口氣。

最後一個可以幫助一些人掌握控制呼吸的技巧的方法是：讓他們躺下，右手放在胸部，左手放在胃部。有時候，在吸氣之時重按一下胃部會是有用的。這個練習幫助受助者更明白正確的呼吸是怎麼樣的，因為那使得他們更容易去判斷，自己是用橫膈膜呼吸（理想的做法）抑或是用胸部呼吸（不理想的做法）。

在短期牧養輔導上使用鬆弛法

漸進鬆弛法、自生練習和控制呼吸練習都是短期牧養輔導可用的有效方法。以下是有關於促進這種果效的一些建議：

受助者進行鬆弛練習的時候，外在環境必須是有助於鬆弛的。地方應該是寧靜、不受干擾，光線柔和的。如果外在的噪音（例如打字機或電話的響聲）是一個問題的話，那麼就安設一個隔音屏障（在供應心理治療用品的公司可買到），或簡單地開動電熱器或空調裝置的風扇，讓它不斷開動，提供穩定的背景聲音。辦公室裏的電話或內部通話系統都不應該發出響聲。室內的溫度一定要令人感覺舒適，可能會比通常的溫度高一兩度。不能讓受助者覺得冷，尤其是在自生練習的情況——這是重要的。

輔導員應該要求受助者穿著鬆身的衣服，或者稍微寬衣解帶。要向他們建議，在練習時不要穿緊身裙或其他緊身衣服。間中有受助者會想要張開眼睛，直到他們覺得閉上眼睛也很自在為止。戴隱形眼鏡的或者想要去掉它們。進行鬆弛練習的受助者應該坐或臥在一張堅實的床、睡椅或舒適的椅子上。很多受助者似乎喜歡在進行鬆弛練習時使用一張舒適的坐臥兩用椅。

在鬆弛練習的開始，先向受助者説明練習的目的和好處。向受助者説明可能的好處是重要的。如果受助者不明白或不贊同這個練習，如果他們對練習的過程作出反抗，它就不會成功。

受助者必須每天練習一兩次，每次大約十五分鐘，直到他們學會很快地鬆弛下來為止。最好是一次在早晨醒來之後不久，一次在傍晚。如果受助者不經常練習，他們就不會學到有關的技巧。輔導合約可以包括要求受助者進行鬆弛練習，以及把每次練習的結果記錄下來。

要受助者鬆弛下來，他們必須採取一種被動和順其自然的態度。告訴受助者，他們在學習的技巧和學駕駛差不多，在其中沒有甚麼魔法的。學習鬆弛技巧和學駕駛的分別在於，在學習鬆弛技巧的時候，他們不要像慣常學習一種新技巧那樣**努力去試**；相反，他們要培養一種被動的態度。

他們要讓自己放鬆但並不「強迫」自己；如果他們沒有馬上放鬆的話，也不要煩惱。這是極其重要的。「不努力去試」對某些害怕失去控制的人來說可以是很惱人的。我向受助者解釋，他們實際上是在控制之中：鬆弛下來所需要的正是被動自制的態度，這才能讓肌肉鬆弛下來。對那些熟悉屬靈導引及某些默觀式或默想式禱告的人來說，可以把這些鬆弛練習理解為禱告的準備。

在開始使用鬆弛練習之前，或可建議受助者讓家庭醫生作一次身體檢查。如果受助者對自己的健康狀況是否適合進行鬆弛練習有任何疑問，又或，就漸進鬆弛的情況來說，如果他們容易有肌肉痙攣、或背痛、頸痛或膝頭的問題，那就必定應該諮詢醫生。使用漸進鬆弛法的受助者需要被提醒，不要太用力拉緊肌肉。

當第一次進行鬆弛練習的時候，有些人會有奇怪的身體感覺；讓他們知道有這個可能是好的。在練習期間，有些受助者會有飄浮的感覺，或在手指、手臂或腿部有一種刺痛或癢癢的感覺。他們又或者會有一種不自然的溫暖感。最好在開始之前預告有這些可能，那麼當這些可能的感覺出現時，受助者就不至於驚惶失措。

起初，受助者使用錄音帶，但到後來他們需要憑記憶來進行練習。很多時候，在開始的時候使用錄音帶，受助者會較容易練習鬆弛。到後來受助者需要放棄使用錄音帶，而憑記憶按自己的步伐進行練習。當他們感到錄音帶的步伐太慢，那就是一個信號，表示他們不再需要錄音帶。可是，在未來的任何時間，如果他們在鬆弛練習上有困難的話，他們總可以再次使用錄音帶。一個月用一次完整的錄音帶作為一種「促效劑」，強化整個鬆弛法，這是有益的。

在實習之時，牧者的說話聲應該是平靜、緩慢和放鬆的。這意味著牧者也需要放鬆。一個緊張的牧者嘗試要訓練一個緊張的受助者不要緊張，再沒有比這更無效的做法了。那保證是要失敗的。牧者需要先把他們計劃要使用的所有鬆弛法親自加以練習一番，然後才在輔導面談的時候實施它們。惟有當這些方法被使用了相當的時間，牧者才可能與受助者一起進行練習。這有助於改善整個過程內時間的控制，以及提高靈敏度。

進階鬆弛方法

上述按部就班、緩慢的過程，似乎是在訓練的早期階段，即在受助者還在學習放鬆的時候所必需的。但是，一旦受助者學會了基本的步驟，輔導員就可以使用進深的方法，令其學習融會貫通，把所學到的更廣泛應用到日常的生活上，縮短達到鬆弛所需要的時間。以下概述幾個較有用的方法。

全身漸進鬆弛練習。有一個進深的方法，對那些採用漸進鬆弛法最能使他們放鬆的人來說是特別有助益的，它只需要一兩分鐘。這個方法是在一時之間，盡可能把一個人所能拉緊的各部分肌肉拉緊。輔導員指示受助者要腳尖著地，緊握拳頭，擠弄面部的肌肉，縮起肩膊，頭傾向後。受助者也要盡量拉緊其他的肌肉羣，愈多愈好，為時五至七秒。接著的十五秒要讓所有的肌肉放鬆，並且感覺一下在放鬆肌肉之後那種鬆弛的感覺。這個方法最好是連續使用兩三次。

呼吸練習。一個只需要數分鐘的方法是：讓受助者閉上眼睛，控制他們的呼吸，把注意力集中在呼氣上。然後輔導員指示受助者在每次吸氣時心裏說：「我現在」，每次呼氣時說：「放手」。

這個方法的其中一種變化是，讓受助者平靜地坐下，閉上眼睛，集中注意力從鼻孔呼氣，每次呼氣重複說「平靜」或「放鬆」。這樣繼續做的話，就會強化放鬆與「平靜」或「放鬆」這些詞語的關聯，那麼在日後的日子，在繁忙生活的緊張時刻，重複唸誦這些詞語就能帶來鬆弛的感覺。

小型休假。在另一個練習裏，受助者先用數分鐘進行三個基本鬆弛法的其中一個，然後摹想令人放鬆的一個地點或一件事情；這個地點或這件事情是有利於受助者平靜下來而不是使受助者感到興奮的。例如，牧者可以說：「看見自己在一個陽光充沛、寧靜的湖上，躺在浮牀上，飄浮著。感覺陽光曬在皮膚上的那陣溫暖，湖水的氣味，岸上風在吹動松樹的聲音。任憑你的想像奔馳，讓你所有的感覺機能活動起來，讓自己在這情景下完全放鬆。」這個練習在充滿壓力的一天內為你提供一次小型休假。

默想與屬靈導引操練。另一種形式的進深鬆弛訓練是，把任何形式的鬆弛法配合默想時間或任何傳統的屬靈導引操練來使用（Stone 1988），二者互利互惠。

除了鬆弛訓練以外，還有其他用來處理受助者的焦慮的介入方法（Kennerley 1990; Smith 1985）。鬆弛法的其中一個好處是：它們可以較容易用在短期牧養輔導上。在使用這些方法之前，並不需要花上多次面談來進行診斷和記錄受助者的歷史；即使是第一次面談，也可以把基本的技巧授予受助者。

鬆弛當然是焦慮的相反，輔導員可以把鬆弛的技巧教導那些感覺焦慮而前來求助的人。這些技巧不但減輕和焦慮有關的身體上的失調，改善人際關係，也促進一種開放的態度和耐心的等待，有益於在我們狂熱的生活中，聆聽向我們所講說的上帝之道。

結語　短期牧養輔導的限制

當我還在神學院的時候，有一個令人興奮的機會臨到我。一間有名的醫學院裏的一位精神科醫師，邀請本地神學院對牧養輔導有興趣的、經挑選的學生，參加為期一天，講論精神健康與牧養的一個研討會；我是被邀的學生之一。

但是，當那天漸漸過去，我的心情由興奮轉為失望，轉為挫敗。聚會一開始就解釋弗洛伊德的防衛機制，繼而討論各種心理病理學以及精神科醫師所用的治療法。當天最後的時刻討論了所謂有關精神和情緒問題的警告性徵兆，而他囑咐我們這些未來的牧者，因我們沒受過處理情緒問題的裝備，我們若遇到一些有這樣的徵兆的人，就應該馬上將之轉介給專業醫療人員。

我原希望學到更多有關輔導的知識，我以為那個研討會會擴展我們在提供牧養關顧和輔導方面的技巧。可是事與願違，我收到的清楚信息是：「牧者是不能處理這些問題的。你能夠做的是轉介。」

現在回想起那個研討會，還是覺得有一陣憂心和煩躁的刺痛。事實上，牧養輔導的專家們現在有時候也發出相同的信息，只是較為微妙地：堂會牧者所能做的不外乎是轉介，就是轉介給這些新近的專家。轉介是不是我們惟一的輔導任務？牧養是不是缺乏了幫助人們處理個人問題的必需技巧？

很多時候，轉介確實是較好的選擇。而在別的時候，為某宗個案諮詢一下專業醫療人員也是重要的。但本書的立場是：牧者所能做的不止於辨認出警告性徵兆。他們是關顧者、輔導員和指導員。他們與人一同走過「最黑暗的幽谷」，走過衝突和失落和絕望，幫助人面對生活中重大的議題，以基督徒的觸覺引導他們。

肯定地說，有些牧者看自己在牧養上是「小小的精神科醫師」而不是「小基督」，他們盡力去做精神科醫師或心理學家所做的一切，即使缺少了醫學或心理學方面的相關訓練。我認為這樣的品行不只是狂妄，更是不道德的。不過，在我的經驗裏較常見的倒是，牧者沒有把自己所做的，把他們從事輔導的技巧看成是有充分價值的。他們相信——就如我參加的那個研討會的信息那樣——他們是不能夠引導人走過艱難的時刻的。我們需要運用我們的恩賜與才幹，也要接納自己的限制。每年有數以千計的人從牧者所提供的牧養輔導和關顧，得到無可測量的幫助；大部分所需的時間，要較本書所提出的短期牧養輔導的十次面談上限為少。

在日常的世界裏，而不是在輔導書籍的世界裏，短期牧養輔導不一定能產生預期中的理想結果。為甚麼？原因有很多。較重要的有以下這些：

- 牧者對於受助者來説不是最適合的輔導員。
- 受助者不願意作出改變。
- 教會的小組或某個自助形式的小組可向受助者提供更適切的幫助。
- 受助者需要的幫助形式，是在牧養輔導以外的（法律上的幫助、醫學上的幫助、心理測驗等）。
- 受助者會從較長期的輔導得著好處，這輔導是過於牧者的時間和訓練所容許的。

儘管有若干從事精神健康護理的專業人士依然主張，牧者應該做的惟一一件事是建議轉介，我則比以往更為深信，牧者是能夠提供有質素的關顧和輔導的，遠遠超過了只是辨認出警告性徵兆。與此同時，我同樣意識到，我們（連我自己在內）所掌握的輔導技巧不算多，所掌握有關關顧的專門研究也不夠。我的能力比較適合輔導某些人，而不大適合其他的；無疑地，我無法幫助每一個我遇到的人。

我又學會了一點：輔導是團隊的努力，這是我最初意想不到的。牧養關顧和輔導在最好的時候，並不是由一個

「獨行俠」戴上白帽子策馬奔馳，到處幫助有需要的人而進行的。優質的牧養關顧包括了多位助人者，保證人們會得到他們所需要的關顧。團隊內可能會有心理學家、精神科醫師、醫學、法律和財務方面的專業人士、教師、社會工作者、僱主以及甚至警察。

對於牧者來說，關顧的職事某程度上是行政或組織的工作。它包括了重構受助者的處境，好讓——譬如說——一個剛喪失親人的人，有一位親密的朋友作為他／她的支援；又或，好讓一對花錢過度的夫婦能夠從會眾中的一位律師或會計師得到必須的諮詢。

轉介

牧者在進行輔導的時候，應該自信擁有重要的技巧和能力，但他們也需要承認自身的有限和限制。他們必須願意以隊友的身分從事輔導，有需要時作出轉介，有必要時進行輔導，並且知道甚麼時候該做甚麼事。有的時候，短期牧養輔導並不奏效的原因，是受助者需要的是專門的關顧，在這樣的時候若不作出轉介從道德上說是危險的。

牧者需要辨別，甚麼時候他們不是提供輔導的最佳人選。任何特質——性格、氣質、聲調、性別、年齡、政治或社會派別、傳統或背景——都可以起到築起圍牆而不是清除路障的作用。與其把牧者和會友大量的時間放在沒結果的努力上，不如作出轉介，這樣做還可以有帶來正面效果的機會。

轉介主要分兩類。一是牧者把關顧的主要責任交給另一位專業人士。當受助者有殺人或自殺的傾向、患精神病或需要住院的時候，就必須作出這類轉介。

另一類轉介也是在教會的場景裏常見的。在其中牧者負起照顧受助者的主要責任，但吩咐他們到專家那裏取得特殊的幫助。例如，對一個缺乏親職技巧的混亂家庭來說，親職教育中心會是可供轉介的資源；與此同時，牧者仍繼續為該對夫婦的婚姻難題輔導他們。

轉介關乎時間選擇，並且要考慮受助者的精神和情緒狀況，以及助人者本身的限制。時間選擇、技巧和情緒上的客觀因素，都各自在決定甚麼時候是把受助者轉介給更專門的輔導上扮演著一個角色。

時間選擇

假設牧職輔導員具備了專長，能在使人苦惱的處境下提供輔導，那麼有一個問題是，到底她或他有沒有時間處理它。要相當誠實地回答這個問題，這是重要的：我會因為把時間花在受助者身上而嚴重地忽略其他責任嗎？我能夠實際地把它們限制在每星期多少分鐘或多少節數之內嗎？我能不能誠實地、堅定地限制受助者來電求助的時間？這些限制會對醫治的過程造成損害嗎？

技巧

即使有充足的時間，在某些情況下，輔導員的技巧和經驗都不及某個專家來得有幫助，因為後者是處理某個特殊問題的專家。譬如，極少牧者或牧職輔導員具備有效處理濫藥的裝備。其他可能需要專門技巧的情況有：對兒童的評估和測試、有關債務的輔導、長期的性功能失調，諸如此類。

輔導員需要判斷，自己是否具備了處理某個情況的必需技巧，他或她可以問以下的問題：我在輔導這個人的時候感覺自在嗎？我可以肯定，我沒有錯誤理解這個人的處境嗎？我們之間的溝通清楚明確嗎？抑或，我們經常誤解對方？在也許兩三次會談之後，受助者有改變嗎？我是在鼓勵負面的依賴嗎？

如上所述，凡是看來是患有精神病的、有暴力傾向、有自殺或殺人傾向的，或其行為無疑是令人費解的，都是應該予以轉介，讓別人提供主要的輔導的人選。

情緒上的客觀因素

即使輔導員在處理某個個案上具備了充足的時間和技巧，也還需要檢查一下輔導員情緒上的客觀因素。因為個人的信念或價值觀或過去在解決類似問題上的一些困難，有的處境會在助人者心裏引發不安全、敵意、威脅或焦慮的感覺。助人者一定要問自己以下的問題：這是不是我遇見過但還沒有成功地克服了的一個問題？我是不是需要受助者的贊同到一個地步，我的權威和誠實正直要作出讓步？我的情緒是不是因為受助者或受助者的處境變得紛亂？如果這些問題的其中一個答案是是的話，轉介會是適當的做法。

當需要轉介時，以下的建議會用得著：

- 當不確定該轉介到那裏時，致電給會眾中從事精神健康護理的專業人士、本地的危機輔導熱線，或一間提供資訊及轉介服務的機構。直接致電該機構，那會讓你知道，他們是不是有一份輪候名單；如果有的話，要等多久；收費的安排如何，以及其他有關資料。
- 不是每個人都接受轉介的做法。有些人會覺得，單單想到轉介就足以推動自己有所行動。有些人就只想為他們的處境發牢騷，不肯著手解決問題。
- 轉介需要以具體的方式進行（不是「我想你需要見輔導員」，而是「我很高興能向你推薦幾個婚姻輔導員；費德文博士（Dr. Feldman）給我的鄰舍不少幫助，而泰利博士（Dr. Terry）就有很好的名聲」。）
- 可能的話，提供多個轉介機構，因為當需要的時候，其中一個可能聯絡不上。
- 可能的話，有關轉介的電話查詢最好是由受助者進行。建議受助者即時致電，或提出駕車送受助者去進行第一次面談，都是有益的做法。
- 要記住，轉介通常不是關顧過程的第一步，緊急的時候除外。重要的是要建立關係，聆聽受助者的痛苦，然後逐漸移向行動，留心轉介機構可怎樣幫助受助者解決問題。

- 在轉介之後，跟進是不可少的。牧者可以在第二天致電受助者，說：「我給你電話是要看看你今天怎樣，又看看你在預約費德文博士或泰利博士上有沒有困難。」如果受助者只顧找藉口，就問他／她你有沒有其他可幫助他／她的方式，又或，問受助者想不想進一步討論事情。告訴他／她，你會在一兩天後再來電，看看他／她的進展如何。助人者不應該像獵犬般追趕受助者，也不應該讓他們太容易脫身。

把受助者轉介給外面的專業人士，不是失敗的象徵，而往往是無可避免的。即使某人是個純熟的牧養關顧員、是醫治者、嚮導、調解員和支援者，知道在何時及如何轉介也是顯示能力的標記。

當毫無辦法之時

失敗是難於承認的；自然的做法是想要不斷增加面談的次數和使用各式各樣的方法。若干助人者或自助團體獻議自己就是受助者所要的醫治或希望。實際上，有些人會不斷轉換輔導員，相信每一個新方法或手法到最後會矯正他們的問題。不過常見的情況是，他們不肯付上改變或成長所需要的代價，或會把餘下的一生，花在尋找那難以捕捉的萬靈藥之上。

我曾經在一個防止自殺中心工作，不少受助者（數量多得叫我驚訝）故意使輔導員煩惱或激怒輔導員，好讓自己在一怒之下掛上電話——這大概是為了向自己證明，沒有人關心自己。那是一個自我實現的預言。間中有人會來到一個地步，甚至奪取自己的性命，因為「沒有人關心」。他們不期望有改變。

受助者需要對輔導和改變有充分的期望，不然的話，就不會發生甚麼。所以，如果受助者欠缺動機，輔導員就要耐心地等待**時機**（*kairos*），就是當受助者表現開放，一個新的開始能以展現的那關鍵性的一刻。在這樣的情況下，較好的做法是放手讓受助者經驗其眾多決定的自然結果，並懷著希望：該些結果會產生足夠的痛苦，使改變和成長變得可能。每個受助者都是寶貴的，但是在有限的時間和資源底下，必須作出艱難的倫理抉擇。其中一個可能的抉擇——也許到最後是最有愛心的抉擇——是，打發沒有進展的受助者離去，停止嘗試幫助他們。

結束輔導是一個難做的決定。受助者在那裏坐著，也許哭著，甚至哀求你的幫助，但是如果他或她不願意或不能夠做出改變所需要做的事情，那麼牧者就被同情心——而不是同感——所困，這會危害到受助者的福祉。一條安全的指導原則是，**相信他們所做的事，而不是他們所說**

的話。作為他們的牧者，繼續不斷地向他們提供無限的支持，只會把牧者放在一個角色之內，這角色酗酒者匿名戒癮會稱之為「賦予權利者」（“enabler”）。「賦予權利者」使受助者容易固守他們那些具破壞力的舊習慣，無限期地拖延那「置諸死地」的一刻——就是經驗到他們需要來推動他們有所行動的那份痛苦——來到。

牧者如何向受助者透露結束輔導的消息？牧者如何改變與那些沒準備好要有改變的受助者的關係？簡單來説，要説出這樣的消息是不容易的，特別是在輔導之後，牧者與會友的關係還是會繼續下去。要清楚區分輔導的關係，以及牧者給予受助者的、作為對會眾整體牧養的一部分的關顧；這是重要的。在這些令人為難甚至是棘手的情況裏，牧者可以説：「依我看，你還沒經驗足夠的痛苦，可以讓你作出你説你想要有的改變……」或者需要在此作一個長的停頓。然後牧者續説，也許最好暫時把定期的輔導面談擱置一旁，強調自己作為他們的牧者，將繼續隨時為他們效勞，在未來的任何時間，當他們更能夠或更樂意採取行動的時候，可以重新恢復輔導。

又或，一個較體面的説法會是：「這看來是個惡劣的時間，不適合你承擔這些家課。〔稍停〕在假期過去之後，你的親戚都回家了〔或你的兒女復課了，或你適應了新的工作，或學校放暑假了，諸如此類〕，到那時候，如果你還想處理某些問題，那我們可以安排幾次會談，做點事情。」或者説：「痛苦是改變的最大推動力。此刻我認為你所受的痛苦還不足以值得你努力去作出改變。〔稍停〕你也許會在稍後才到達那個時刻，或許是在下個禮拜，或許是在明年。幾時你到了那個時刻，我們就可以一致同意去努力幹。與此同時，我仍是你的牧者。牧養輔導和作為教會一部分的經常性關顧有一個不同點：輔導涉及一份契約，要求你作出特定的改變和做家課；關顧就是關顧。我必定繼續關懷你，隨時為你服務。」

盡量讓受助者感到他們是受歡迎的客人。強調他們已在做著的美好事情，並在完結的時候讓他們知道，幾時他們準備好，輔導可以再次開始。

短期牧養輔導的一個好處是，那些不是真的想要輔導的受助者，往往會乾脆在過程的早期就離去。這短期手法試驗了他們對改變的委身程度。牧者期望受助者在輔導中積極參與、做家課，並採取主動的步驟，引起改變，但那些寧願抱怨的受助者則經常會自行離去，牧者一件事都用不著作。

對於那些活躍的會友，當牧者放手讓他們離去的時候，他們既不是從此在牧者的視線之外，也不是在牧者的心思之外。牧者需要等候，同時要張開眼睛留意著。一旦會友真正渴想成長，樂意付上成長的代價的話，牧者要主動提出與他或她面談（而不是等他們提出），更新輔導的過程。不過，對於某些人來說，這樣的一刻可能永不會出現。

短期牧養輔導的人選

有關會從短期輔導受益的人所佔的百分比眾說紛紜。若干如席福諾斯（Sifneos 1978）或席爾華（Silver 1982）等作者提出，在看從事精神健康護理的專業人士的人之中，有百分之二十會從短期輔導方法得益。有的更認為，短期輔導對大部分受助者都是最好的方法（Talmon 1990; Budman and Gurman 1988）。對於牧者、教士、拉比、執事、牧者的同工，或牧師來說，哪個說法才是有意義的？愈來愈多人運用並認識各種經特別設計的短期輔導方法，治療師們也逐漸地把短期牧養輔導看成是對為數漸多的人的一個可行的方法。

有關短期輔導的研究繼續增加，同時不斷增加的，是以短期手法作為應付廣大羣眾的一個合宜並有效的輔導方法的信心。短期輔導就它的設計——而不是就它的缺欠來說——是還在成長初期的一個研究範圍；要學的還有許多。一切都顯示，對於大部分教牧來說，它是目前最優越最主要的輔導手法。

有些人明顯**不是**短期牧養輔導的合適人選。以下是一些例子：

- 那些看來是有遺傳性的、生物學、化學或神經病學的問題（例如初老期痴呆、精神分裂，及躁鬱症）的人。
- 需住院照料的人（需戒酒的酗酒者、癮君子，及有嚴重自殺傾向的人）。

- 想要得到長期的輔導而不肯或不能調校其期望的人。
- 因為要接受藥物治療或其他醫學上的理由，需要接受醫生的主要照顧的人。
- 在建立關係上有相當大的困難，對接受他人的幫助有保留的人。

誰是短期牧養輔導的人選？馬默爾（Marmor 1979, 152）主張，揀選短期輔導人選的最重要的指導原則「與其說是對受助者的診斷，不如說是受助者本身擁有某些人格特質，並且有一個中心衝突和很強的動機」。選擇用短期牧養輔導最重要的條件不是受助者表面鋪陳的問題（例如夫婦不和、抑鬱、欠缺自表能力），而是他們的個性特質。畢達曼與顧爾曼（Budman and Gurman 1988）聲言，到現時為止，還沒有具說服力的研究顯示，短期輔導對某類問題較之對另一類的問題更有助益。反倒是——他們斷言——在短期輔導中表現最好的受助者，也在其他任何療法上都表現得好，不論輔導的時間長或短。有成功的潛力的受助者是：

- 能夠為他們當前的問題提出可能的解決方案的人。
- 過去曾經成功地從輔導得到幫助的人。
- 能夠清晰說出一個可以解決、明確而具體的問題的人。
- 明顯地有一個解決不了的問題（例如孩子死去、遭臨時解僱、丈夫或妻子離開自己轉投別人），但願意放棄設法要改變不能被改變的事，而學習接納的人。

- 已經有良好的支持系統——教會、家人、朋友——而且能夠倚賴它的人。
- 對於在生活中造成改變有很強的動機，又肯為此付出時間和精力的人。
- 正在體驗他們想要處理的一個嚴重的問題，或叫他們感到厭倦、想要改變的一個長期問題的人。
- 只需要一對聆聽的耳朵（牧養關顧的基本支持），已經知道要做的是甚麼，只是需要找一個會聆聽的對象的人。
- 需要轉介的人。例如需要轉介到律師、財務顧問、屬靈導師或婚姻輔導員那裏的人。短期輔導要求輔導員幫助受助者接觸到那些能給予他們所需的幫助的人。
- 在小組的處境中會有最佳反應的人。短期輔導可以把這類人引進一個配合他們需要的小組裏——禱告小組、自助小組如酗酒者匿名戒癮會、暴食者匿名戒癮會、癌症患者支援小組等。

適宜採用短期牧養輔導的可能人選只需要具備以上的部分特質，不過肯定地說，所表現的特質愈多，能夠成功解決問題的機會就愈大。牧者的最佳策略（除非受助者表現出不適宜用短期輔導的一類人的特質）是開始運用短期牧養輔導。如果這樣做沒有效果的話，就考慮改用長期的牧養輔導或作出轉介。

如果短期牧養輔導沒有達到它的目的的話，那可不是失敗的表記。事實上，這可能是最準確的診斷性指標，它有助我們判斷，受助者能不能或願意不願意在他們的生活中作出改變。

所有的輔導，大部分本質上都是簡短的，既然如此，短期牧養輔導就不能單根據面談的次數來定義它，而是根據牧者所提供的輔導取向。短期牧養輔導與牧者對輔導過程的態度、所運用的特定介入方法和面談的次數大有關連。短期牧養輔導使用最不具侵略性、最簡單的入手方法。它利用「漣漪效應」，認為在受助者人生中某方面所發生的改變，會普及和擴散到其他方面。最重要的是啟動改變過程，好讓某方面的成功改變，能以擴散到其他方面。

由是，短期牧養輔導與其說是一系列新近發明的技巧，不如說是對於輔導的一種籠統看法。它決定了以下幾點的方向：如何建立關係、要問甚麼問題、如何分配時間、採用甚麼治療性的介入及如何應用它們。短期牧養輔導接納我們的限制。它說明了一個事實：我們身處的世界難免有個人和集體的罪惡、衝突、損失、疑惑和焦慮。罪惡無所不在。短期牧養輔導的任務不是要根除這一切的弊病，因為它做不到；反倒是，它是要幫助我們服事的對象去應付他們所面臨的問題，並忠於上帝的呼召。

本書所提出的觀點是：對於在牧區中所遇到的大多數人來說，短期牧養輔導的方法不但可媲美長期的方法——它們事實上是更好的方法，因為它們需要較少時間去實施，而且同樣奏效。為此，它們對於牧養來說是首選的進路。牧者不需要被說服去向受助者提供短期輔導；就如從事精神健康護理的專業人士那樣，他們已在實施短期輔導。本書嘗試處理牧者的內在衝突；當牧者相信長期輔導的優越性，而本身卻主要從事短期輔導，衝突就產生了。

像活地・阿倫的「麥克斯」一類的人也許會轉到露德去，或多給輔導員一年的時間，但他們畢竟是極少數。短期牧養輔導是一個途徑，在一段相當短的時間裏，指導多數的人去處理他們的問題，接納那些不得不接納的事情，改變那些可能被改變的事情。它幫助人們帶來必需有的改變，讓他們走上成長與健全之路。

附錄　牧養輔導問卷

編製這份牧養輔導問卷，是為了讓牧者能夠迅速檢視一下那些前來尋求輔導之人的問題的寬度。最好在第一次面談時使用它。

在短期牧養輔導裏，不是這問卷上所顯示的所有有問題的範圍都能夠得到處理；數據只是為牧者提供一個背景，好了解受助者為之尋求輔導的那個當前的問題。

問卷上的每個項目都是按著一個英文字母編列的。該字母是某類問題的縮寫；在該字母之下的所有項目，全屬於同一類。例如，項目 4：「我被自己的罪所困擾」是在字母 R 之下，是有關宗教信仰的問題。縮寫所代表的全文如下：

R — 宗教信仰（religious faith）

I — 人際關係和性方面的困難（interpersonal and sexual

difficulties）

E — 情緒問題（emotional problems）

P — 身體不適（physical complaints）

C — 工作或職業的議題（job or career issues）

要檢視整份問卷，看看加上記號的項目大部分是集中在一個範圍，抑或是平均分佈在所有類目中。如果大部分是在一個範圍，牧者可以斷定，受助者的問題是存在於該類目之內（例如身體不適）。如果加上記號的項目很多，而分佈於所有五個類目之內，那麼受助者有很大可能是身處於相當大的壓力之下，這壓力表現在他或她生活中的各方面。

本書的作者及出版社允准牧者在註明出處的前提下，複印這份問卷，以供教會事工之用。

日期：____/____/____

牧養輔導問卷

霍華德．斯通（Howard Stone）編製

姓名________________________電話________________________

住址____

________________________________年齡______ 性別______

注意：請仔細閱讀下列每個項目，在適用於**你**的每個項目加上記號。

R

☐ 1 我的宗教信仰在我生命中還不夠積極。

☐ 2 我在教會裏沒有跟誰有親密的關係。

☐ 3 上教堂對我來説沒有幫助。

☐ 4 我被自己的罪所困擾。

☐ 5 對我來説，禱告沒有多大價值。

☐ 6 我感受不到上帝原諒我。

R

☐ 7 我對未來簡直沒有盼望。

☐ 8 我感受不到上帝愛我。

☐ 9 我擔心自己是否得救。

☐ 10 我正在失去信心。

☐ 11 我需要為某事懺悔並尋求寬恕。

☐ 12 我不知道想用我的生命來幹甚麼。

☐ 13 我是種族或性別歧視的受害者。

☐ 14 我和異性相處有困難。

☐ 15 我很害羞。

☐ 16 我對自己在性方面的關係感到很不自在。

☐ 17 我和家人有衝突。

I

☐ 18 我沒有傾訴的對象。

☐ 19 我在控制性衝動上有困難。

☐ 20 我在家裏不能談論問題。

☐ 21 我被同性所吸引，我為此感到困擾。

P

☐ 22 我有很多身體上的毛病。

☐ 23 我經常頭痛。

☐ 24 我有失眠的問題。

☐ 25 我很多時候覺得疲倦。

☐ 26 我的胃有毛病（胃氣脹、胃潰瘍、敏感的腸胃）。

☐ 27 我有酗酒或／和濫用藥物的習慣。

☐ 28 我有月經或相關的問題。

E

☐ 29 我無法自律。

☐ 30 我經常焦躁易怒。

☐ 31 我憂慮太多。

☐ 32 我經常感覺孤單。

☐ 33 我常做白日夢。

☐ 34 我感覺人生是不值得活下去的。

E

☐ 35 我沒有自信心。

☐ 36 我經常情緒低落。

☐ 37 我覺得要放鬆很難。

☐ 38 我是個徹頭徹尾的完美主義者。

☐ 39 我難於集中精神。

R

☐ 40 我感受不到教會弟兄姊妹的支持。

☐ 41 我的生命沒有意義。

☐ 42 我搞不清自己的宗教信念。

☐ 43 我想感覺與上帝更加親近。

☐ 44 我想在屬靈上更加成長。

☐ 45 我感覺上帝在懲罰我。

I

☐ 46 我擔心自己的婚姻。

☐ 47 我對他人太容易讓步。

☐ 48 我為自己所從事的性活動感到罪疚。

☐ 49 我只想到自己。

☐ 50 我家裏有太多的埋怨和／或爭執。

I

☐ 51 一個親人或朋友的離世依然困擾著我。

☐ 52 我有時候會過於支配性。

☐ 53 我在性方面太抑制。

☐ 54 我和部分家人不能和睦共處。

☐ 55 我欠缺娛樂或社交生活。

I

☐ 56 我難於交朋友。

☐ 57 我與人相處有困難。

☐ 58 自從搬到這裏來，我就失去了朋友和社交生活。

☐ 59 我對於別人如何看我感到十分敏感。

☐ 60 我需要更多表達自己的想法和感覺。

C

☐ 61 我正考慮換一份工作或職業。

☐ 62 我搞不清楚自己想用生命來幹甚麼。

☐ 63 我的工作沒甚麼意義。

☐ 64 我在處理財務上有困難。

☐ 65 我在擔心，我究竟要重拾工作或是重返校園。

E

☐ 66 我經常拖延。

☐ 67 我很多時候都緊張。

☐ 68 我懷著自殺的念頭。

☐ 69 我在控制脾氣上有困難。

☐ 70 我需要更多個人成長。

☐ 71 我感到失敗。

E

☐ 72 我感到無助，應付不來。

☐ 73 我感到要放棄了。

☐ 74 我很多時候情緒不穩定。

☐ 75 我經常發怒。

☐ 76 我有一個祕密，我不敢告訴別人。

☐ 77 我的態度過於認真。

請在本頁的背面用你自己的措詞寫下你的主要問題。

《短期牧養輔導：理念與介入方法》
香港：基道出版社，2008。

參考書目

特別推薦的短期輔導書目，以粗體標示者是尤其適用於牧養堂會的書籍。

Alberti, R. E., and M. L. Emmons. 1990. *Your Perfect Right*. San Luis Obispo, Calif.: Impact Press.

Bandler, R., and J. Grinder. 1979. *Frogs into Princes*. Moab, Utah: Real People Press.

____. 1982. *Reframing: Neuro-Linguistic Programming and the Transformation of Meaning.* Moab, Utah: Real People Press.

Barker, B. 1985. *Using Metaphors in Psychotherapy*. New York: Brunner/Mazel.

Barry, W., and W. Connolly. 1983. *The Practice of Spiritual Direction*. New York: Seabury.

Beck, A. T. 1967. *Depression*. New York: Harper and Bros.

____. 1976. *Cognitive Therapy and the Emotional Disorders*. New

York: International Universities Press.

____. 1979. *Cognitive Therapy of Depression*. New York: Thieme-Stratton.

____. 1989. *Love Is Never Enough*. New York: Harper and Row.

Beck, D., and M. Jones. 1973. *Progress in Family Problems*. New York: Family Service Association of America.

Benner, D. 1992. *Strategic Pastoral Counseling: A Short-Term Structure Model*. Grand Rapids, Mich.: Baker Book House.

Berenson, B. G., and K. M. Mitchell. 1974. *Confrontation!: For Better or Worse*. Amherst: Human Resource Development Press.

Berg, I. 1991. "Working with the Problem Drinker: A Solution-Focused Approach," Lecture, American Association of Marriage and Family Therapists National Convention. Dallas.

Berg. I., and S. Miller. 1992. *Working with The Problem Drinker: A Solution-Focused Approach*. New York: W. W. Norton.

Bergman, J. 1985. *Fishing for Barracuda: Pragmatics of Brief Systemic Therapy*. London: W. W. Norton.

Budman, S., and A. Gurman. 1988. *Theory and Practice of Brief Therapy*. New York: Guilford Press.

Burns, D. 1980. *Feeling Good*. New York: Signet Books.

Burns, D., and A. Beck. 1978. "Cognitive Behavior Modification of Mood Disorders." In *Cognitive Behavior Therapy: Research and Application*, 109~134. Edited by J. Foreyt and D. Rathjen. New York: Plenum Press.

Cade, B., and W. O'Hanlon. 1993. *A Brief Guide to Brief Therapy*. New York: W. W. Norton.

Capps. D. 1990. *Reframing: A New Method in Pastoral Care*. Minneapolis: Fortress Press.

____. 1993. *The Depleted Self: Sin in a Narcissistic Age*. Minneapolis: Fortress Press.

Childs, B. 1990. *Short-Term Pastoral Counseling*. Nashville: Abingdon Press.

Clark, D. M., P. M. Salkovskis, and A. J. Chalkley. 1985. "Respiratory Control as a Treatment for Panic Attacks." *Journal of Behavioral Therapy and Experimental Psychiatry* 16 : 23~30.

Clinebell, H. 1977. *Basic Types of Pastoral Care and Counseling*. 2nd ed. Nashville: Abingdon Press , 1984.

Cox, R. 1972. "Short-Term Counseling Techniques." *Journal of Pastoral Care* 26: 166~171.

de Shazer, S. 1985. *Keys to Solution in Brief Therapy*. New York: W. W. Norton.

____. 1988. *Clues: Investigating Solutions in Brief Therapy*. New York: W. W. Norton.

____ 1991. *Putting Difference to Work*. New York: W. W. Norton.

Driscoll, R. 1984. *Pragmatic Psychotherapy*. New York: Van Nostrand Reinhold.

Egan. G. 1993. *The Skilled Helper*. 5th ed. Pacific Grove, Calif.: Brooks/Cole Publishing Company.

Ellis. A. A., and R. A. Harper. 1975. *A New Guide to Rational Living*. Los Angeles: Wilshire Book Co.

Erickson, M. 1980. *Innovative Psychotherapy*. Vol. 4 of Collected Papers. Edited by E. Rossi. New York: Irvington.

Fairchild, R. 1980. *Finding Hope Again: A Pastor's Guide to Counseling Depressed Persons*. New York: Harper & Row.

Fisher, S. 1980. “The Use of Time Limits in Brief Psychotherapy: A Comparison of Six-Session, Twelve-Session, and Unlimited Treatment with Familice.” *Family Process* 19: 377~392.

____. 1984. “Time-Limited Brief Therapy with Families: A One-Year Follow-up Study.” *Family Process* 23: 101~106.

Frank, J. 1979. “The Present Status of Outcome Studies.” *Journal of Consulting and Clinical Psychology* 47: 310~316.

Furman, B., and T. Ahola. 1992. *Solution Talk: Hosting Therapeutic Conversations*. New York: W. W. Norton.

Garetz, F., R. Kogl, and D. Wiener. 1959. “A Comparison of Random and Judgmental Methods of Determining Mode of Outpatient Mental Hygiene Treatment.” *Journal of Clinical Psychology* 15: 401~402.

Garfield, S. 1980. *Psychotherapy: An Eclectic View*. New York: Wiley.

Garfield, S., and R. Kurtz. 1977. “A Study of Eclectic Views.” *Journal of Consulting and Clinical Psychology* 45: 78~83.

Goffman, E. 1974. *Frame Analysis*. Rockville: Aspen.

Goldfried, M. R. 1971. “Systematic Desensitization as Training in Self-Control.” *Journal of Consulting and Clinical Psychology* 36: 228~234.

Goldfried, M. R., and G. C. Davison. 1976. *Clinical Behavior Therapy*. New York: Holt, Rinehart and Wilson.

Gordon, T. 1970. *Parent Effectiveness Training*. New York: Peter H. Wyden.

Haley, J. 1963. *Strategies of Psychotherapy*. New York: Grune and Stratton.

____. 1973. *Uncommon Therapy: The Psychiatric Techniques of Milton H. Erickson, M. D*. New York: W. W. Norton.

____. 1976. *Problem-Solving Therapy: New Strategies for Effective Family Therapy*. San Francisco: Jossey-Bass.

____. 1985. *Conversations with Milton H. Erickson, M. D*. New York: Triangle Press.

Hauck, P. A. 1972. *Reason in Pastoral Counseling*. Philadelphia: Westminster Press.

____. 1973. *Overcoming Depression*. Philadelphia: Westminster Press.

____. 1974. *Overcoming Frustration and Anger*. Philadelphia: Westminster Press.

____. 1975. *Overcoming Worry and Fear*. Philadelphia: Westminster Press.

____. 1980. *Brief Counseling with RET*. Philadelphia: Westminster Press.

Jacobson, E. 1974. *Progressive Relaxation*. 3rd ed. Chicago: University of Chicago Press.

Janis, I., and I. Lester. 1983. *Short-Term Counseling: Guidelines Based on Recent Research*. New Haven: Yale University Press.

Johnson, D., and C. Gelso. 1980. "The Effectiveness of Time Limits in Counseling and Psychotherapy." *The Counseling Psychologist* 9: 70~82.

Kanfer, F. H., and A. P. Goldstein, eds. 1980. *Helping People Change: A Textbook of Methods*. 2nd ed. Vol. 52. Pergamon General

Psychology Series. New York: Pergamon Press.

Kanfer, F. H., and B. K. Schefft. 1988. *Guiding the Process of Therapeutic Change. Champaign*, Ill.: Research Press.

Kennerley, N. 1990. *Managing Anxiety: A Training Manual*. London: Oxford University Press.

Langsley, D. 1978. "Comparing Clinic and Private Practice of Psychiatry." *American Journal of Psychiatry* 135: 702~706.

Langsley, D., P, Machotka, and K. Flomenhaft. 1971. "Avoiding Mental Hospital Admission: A Follow-up Study." *American Journal of Psychiatry* 132: 177~179.

Lazarus, A. 1977. *In the Mind's Eye*. New York: Guilford Press.

Leventhal, T., and G. Weinberger. 1975. "Evaluation of a Large-Scale Brief Therapy Program for Children." *American Journal of Orthopsychiatry* 49: 119~133.

Liberman, B. L. 1978. "The Role of Mastery in Psychotherapy: Maintenance of Improvement and Prescriptive Change." In *Effective Ingredients of Successful Psychotherapy*. Edited by J. D. Frank, R. Hoehn-Saric, S. D. Imber, B. L., Liberman, and A. R. Stone. New York: Brunner/Mazel.

Luborsky, L., and B. Singer. 1975. "Comparative Studies of Psychotherapies." *Archives of General Psychiatry* 32: 995~1008.

Mandel, H. 1981. *Short-Term Psychotherapy and Brief Treatment Techniques: An Annotated Bibliography, 1920-1980*. London: Plenum Press.

Mann, J. 1973. *Time-Limited Psychotherapy*. Cambridge, Mass.: Harvard University Press.

Mann. J., and R. Goldman. 1982. *A Casebook in Time-Limited Psychotherapy*. New York: McGraw-Hill.

Marmor. J. 1979. "Short-Term Dynamic Psychotherapy." *American Journal of Psychiatry* 136: 2, Feb. 1979, 149~155.

Meltzoff, J., and M. Kornreich. 1970. *Research in Psychotherapy*. New York: Atherton Press.

Minuchin, S. 1988. *Psychosomatic Families: Anorexia Nervosa in Context*. Cambridge, Mass.: Harvard University Press.

Munro, A., B. Manthei, and J. Small. 1989. *Counseling: The Skills of Problem-Solving*. London: Routledge.

Nouwen, H. 1979. *The Wounded Healer*. Garden City, N.J.: Doubleday.

O'Hanlon. W. 1987. *Taproots: Underlying Principles of Milton Erickson's Therapy and Hypnosis.* New York: W. W. Norton.

O'Hanlon, W., and M. Weiner-Davis. 1989. *In Search of Solutions*. New York: W. W. Norton

Papp, P. 1980. "The Greek Chorus and Other Techniques of Paradoxical Therapy." *Family Process* 19: 45~57.

Paterson, G. R. 1974. *Families*. Champaign, Ill.: Research Press.

Phillips, E. L. 1985. *A Guide for Therapists and Patients to Short-Term Psychology*. Springfield, Ill.: Charles C. Thomas.

Phillips, E. L., and D. Wiener. 1962. *Discipline, Achievement and Mental Health*. Englewood Cliffs, N.J.: Prentice-Hall.

____. 1966. *Short-Term Psychotherapy and Structured Behavior Change*. New York: McGraw-Hill.

Rathus, S., and J. Nevid. 1977. *Behavioral Therapy: Behavioral Therapy Strategies for Solving Problems in Living*. Garden City,

N.J.: Doubleday.

Reid, W., and A. Shyne. 1969. *Brief and Extended Casework*. New York: Columbia University Press.

Rosen. S., ed. 1982. *My Voice Will Go with You: The Teaching Tales of Milton H. Erickson*. New York: W. W. Norton.

Rossi, E., M. Ryan, and F. Sharp. 1983. *Healing in Hypnosis: The Seminars, Workshops, and Lectures of Milton H. Erickson*, Volume 1. New York: Irvington Press.

Samuels, M., and N. Samuels. 1975. *Seeing with the Mind's Eye*. New York: Bookworks.

Schultz, J. H., and W. Luthe. 1959. *Autogenic Training*. New York: Grune & Stratton.

Seltzer, L. 1986. *Paradoxical Strategies in Psychotherapy: A Comprehensive Overview and Guidebook*. Chichester, England: John Wiley and Sons.

Shelton, J. L., and R. L. Levy. 1981. *Behavioral Assignments and Treatment Compliance: Handbook of Clinical Strategies*. Champaign, Ill.: Research Press.

Sifneos, P. 1972. *Short-Term Psychotherapy and Emotional Crisis*. Cambridge, Mass.: Harvard University Press.

____. 1978. "Evaluation Criteria for Selection of Patients." In *Basic Principles and Techniques in Short-Term Dynamic Psychotherapy*, 433~453. Edited by H. Davanloo. New York: Spectrum.

Silver, R. 1982. "Brief Dynamic Psychotherapy: A Critical Look at the State of the Art." *Psychiatric Quarterly* 53: 275~282.

Sloane, R., E. Staples, A. Cristol, N. Yorkston, and K. Whipple. 1975.

Psychotherapy Versus Behavior Therapy. Cambridge, Mass.: Harvard University Press.

Smith, J. C. 1985. *Relaxation Dynamics: Nine World Approaches to Self-Relaxation*, Champaign, Ill.: Research Press.

Steiper, D., and D. Wiener. 1959. "The Problem of Interminability in Out-patient Psychotherapy." *Journal of Consulting Psychology* 23: 237~242.

Stone, H. 1988. *The Word of God and Pastoral Care*. Nashville: Abingdon Press.

____. 1991. *The Caring Church: A Guide for Lay Pastoral Care*. 2nd ed., rev. Minneapolis: Fortress Press.

____. 1993. *Crisis Counseling*. 2nd ed., rev. Minneapolis: Fortress Press.

Stone, H., and W. Clements. 1991. *Handbook for Basic Types of Pastoral Care and Counseling*. Nashville: Abingdon Press.

Strupp, H. 1978. "Psychotherapy Research and Practice: An Overview." In *Handbook of Psychotherapy and Behavior Change*, 3~22. 2nd ed. Edited by S. Garfield and A. Bergin. New York: Wiley.

Talmon, M. 1990. *Single-Session Therapy: Maximizing the Effect of the First (and Often Only) Therapeutic Encounter*. San Francisco: Jossey-Bass.

Thurneysen, E. 1962. *A Theology of Pastoral Care*. Richmond, Va.: John Knox Press.

Underwood, R. 1985. *Empathy and Confrontation in Pastoral Care*. Philadelphia: Fortress Press.

Walen, S. R., R. DeGuiseppe, and R. L. Wessler. 1980. *A Practitioner's Guide to Rational-Emotive Therapy*. New York: Oxford

University Press.

Watzlawick, P. 1978. *The Language of Change: Elements of Therapeutic Communication*. New York: Basic Books.

Watzlawick, P., J. H. Weakland, and R. Fisch. 1974. *Change: Principles of Problem Formation and Problem Resolution*. New York: W. W. Norton.

Weakland, J., R. Fisch, P. Watzlawick, and A. Bodin. 1974. "Brief Therapy: Focused Problem Resolution." *Family Therapy Networker* 13: 141~168.

Wells, R. 1977. "Communication Training vs. Conjoint Marital Therapy." *Social Work Research and Abstracts* 13: 31~39.

____. 1982. Planned Short-Term Treatment. New York: The Free Press.

Wolberg, L. R. 1980. *Handbook of Short-Term Psychotherapy*. New York: Thieme-Stratton.

Wolpe, J. 1964. "The Systematic Desensitization Treatment of Neuroses." In *Experiments in Behavior Therapy*, 21~39. Edited by H. J. Eysenck. Oxford: Pergamon Press.

Zeig, J. 1980. *A Teaching Seminar with Milton H. Erickson, M. D.* New York: Brunner/Mazel.

Ziboorg, G., and G. W. Henry. 1941. *A History of Medical Psychology*. New York: W. W. Norton.

人名對照表

A

Adler, Alfred	阿德勒
Alexander, Franz	亞歷山大
Archimedes	阿基米德

B

Beck, Dorothy	畢克
Beck, Aaron	貝克
Berenson, Bernard	伯里遜
Berg, Insoo Kim	燕素金柏
Bloom, Bernard	布盧姆
Browning, Don	布朗靈
Budman, Simon	畢達曼
Burns, David	柏恩斯

C

Childs, Brian	蔡爾茲
Clark, D. M.	克拉克
Clinebell, Howard	祈連堡

D

E

F

G

H

J

Jones, Mary	鍾斯

K

Kennerley, Helen	肯尼利
Kogl, R.	科爾
Kornreich, Melvin	科恩理克
Kurtz, Ron	庫慈

L

Langsley, Donald	蘭斯理
Lazarus, Arnold	拉查若斯
Lester, Andrew	李思達
Leventhal, T.	利雲圖
Luborsky, L.	路寶斯基
Luthe, Wolfgang	魯孚

M

Marmor, J.	馬默爾
Meltzoff, Julian	梅爾鎖夫
Minuchin, Salvador	米紐慶
Mitchell, Kevin	米雪爾
Mowrer, O. Hobart	莫雷爾
Munch	閔殊

N

Niebuhr, Reinhold	尼布爾
Norton, Robert	諾頓
Nouwen, Henri	盧雲

O

O'Hanlon, William	奧漢良

P

Papp, Peggy	柏培
Penfield, Wilder	彭菲爾德
Perls , Fritz	佩爾斯
Phillips, E. Lakin	菲利普斯

R

Reid, William	萊特
Rogers, Carl	羅杰斯

S

Schultz, Johannes	舒爾茲
Seltzer, Leon	塞扎爾
Shyne, Ann	商恩
Sifneos, Peter	席福諾斯
Silver, R.	席爾華
Sloane, R. Bruce	史朗
Strupp, D.	史得普
Staveteig, Tim	添・司他弗提
Stieper, D.	史鐵培
Stone, Karen	斯通

U

Underwood, Ralph	恩達伍

W

Watzlawick, Paul	互茲拉威克
Weakland, John	韋克蘭
Weinberger, G.	韋柏加
Weiner-Davis, Michele	韋拿戴維斯
Wells, Richard	韋爾斯
Wiener, Daniel	韋納

Wolpe, Joseph	沃帕

Y

Yung, Carl	容格

詞彙對照表

三劃

介入	intervene
凡是一傾向	yes-set

四劃

心理治療	psychotherapy
不相容的行為的原則	incompatible behavior principle

五劃

失效關係	dysfunctional relationship
正強化原則	positive reinforcement principle
皮墨克原則	the premack principle
目標預演	goal rehearsal
「另類選擇法」	"the alternative technique"
斥責法	blowup technique

六劃

危機介入	crisis intervention
行為療法	behavioral therapy
行為預演	behavior rehearsal
同理心	empathy
「全面翻修治療」	“total overhaul therapy”
回溯	recollection
再標籤法	relabeling
成就預演	accomplishment rehearsal
自生練習	autogenic exercises
自表訓練	assertiveness training

七劃

系統療法	systems therapy
作業	task
完形療法	gestalt therapy

八劃

牧養心理治療	pastoral psychotherapy
例外	exception
易構	reframe
弗洛伊德—史普克時代	the Freud-Spock era

九劃

限時治療	time-limited therapy
限時輔導	time-limited counseling
神奇問題	magic question
神蹟問題	miracle question
重要人物	significant persons

重要他人	significant others
為症狀開處方	symptom prescription
負強化原則	negative reinforcement principle
重新歸因	reattribution

十劃

家庭介入	family intervention
家課	homework
「祖母定律」	“grandmother's law”
案主為中心療法	client-centered therapy
消滅原則	extinction principle
思考中止法	thought stopping

十一劃

雪球效應	snowballing effect
混淆法	confusion
減少反省法	dereflection
教導性的對質法	didactic confrontations
控制呼吸練習	controlled breathing exercises

十二劃

評分問題	scaling questions
款待	hospitality
焦慮	anxiety
敢於自表訓練	assertiveness training
循例反應	routine responses
循序脫敏法	systematic desensitization
悲觀的反抗性	pessimistic negativism
間歇強化	intermittent reinforcement

提示原則	cuing principle
換氣過度	hyperventilation / overbreathing
經驗為本的對質法	experiential confrontation

十三劃

強化原則	reinforcement principles

十四劃

漣漪效應	ripple effect
認知重構	cognitive restructuring
認知療法	cognitive therapy
塑形原則	shaping principle
漸進鬆弛	progressive relaxation

十五劃

模仿原則	modeling principle
摹想	visualize
衝擊療法（又稱滿灌法）	flooding technique

十七劃

應付問題	coping questions
應付意象	coping imagery

十八劃

擺低姿態法	benevolent sabotage
懲罰原則	punishment principle
鬆馳訓練	relaxation training

二十一劃

屬靈導引	spiritual direction

二十三劃

饜足原則	satiation principle

二十四劃

鹼毒症	alkalosis

緊扣時代 服事教會

以文字傳揚基督真道

讀者意見表

衷心多謝你購買本社書籍。本社一直致力以出版事工服事教會，幫助信徒扎根於神的話語，促進靈命增長。為使我們的出版更能滿足你的需要，請填寫下列各項資料，並寄回或傳真予本社。

所購書籍：________________

本書最吸引你的地方：
□作者 □適切性 □文筆 □設計 □實用性
□其他：________________

購買本書地點：
□基道書樓 □基督教書店 □非基督教書店

性別：□男 □女 職業：________________

信仰：□基督徒 □非基督徒

年齡：□ 16 歲或以下 □ 17～25 歲 □ 26～35 歲
□ 36～55 歲 □ 56 歲或以上

學歷：□中三或以下 □中五 □預科
□大學 □研究院

□我欲更多了解基道出版社的事工及考慮支持，請寄給我下列資料：
□機構簡介 □新書資料 □基道會員通訊
□《基道文字事工通訊》

姓名：________________ 電話：________________

地址：________________

____

傳真：________________ 電子郵件：________________

其他意見：________________

____

多謝賜教！

基道出版社

意見表可以傳真（2687-0281）或直接郵寄以下地址：
香港沙田火炭坳背灣街26號富騰工業中心1011室
基道出版社編輯部收